Rhagair

Mae gerddi Bodnant a Phowis yn sicr yn enwog ledled y byd, ond nid yw Cymru hyd yn ddiweddar wedi ei chysylltu â gerddi cain. Mae'r llyfr hwn yn eich galluogi i ddarganfod amrywiaeth enfawr gerddi Cymru, o'r ardd hanesyddol i'r ardd gyfoes; o barcdir gwych wedi ei gynllunio i'r ardd fwthyn syml.

Gwychder y golygfeydd o'u cwmpas sy'n gwneud y gerddi Cymreig mor arbennig gan fod cymaint ohonynt wedi eu lleoli mewn tirlun hynod drawiadol. Mae'r croeso Cymreig cynnes hefyd yn sicrhau bod ymweliad â gardd yn brofiad unigryw a chofiadwy.

Yn ystod y blynyddoedd diweddar ail-enynwyd diddordeb mewn gerddi, wrth i erddi megis Aberglasne a Dyffryn gael eu hadfer a'u hailgreu. Mae rhan bwysig o dreftadaeth Cymru wedi derbyn cydnabyddi-aeth deilwng tra bod ymweld â gerddi wedi datblygu'n ddiddordeb amser hamdden poblogaidd. O fewn cloriau'r llyfr hwn mae manylion am lawer o'r gerddi sydd ar agor i'r cyhoedd yng Nghymru i chi eu darganfod a'u mwynhau.

Foreword

The gardens of Bodnant and Powis are certainly world famous, but Wales has not always been associated with fine gardens. This book presents the opportunity to discover the huge diversity of gardens in Wales, from the historic gardens, to those of a contemporary style; from the grand designed parklands to the sim[...] cottage gardens.

It is the grandeur of the dramatic s[...] which gives the gardens a special W[...] as many of them are set in stunning[...] landscapes. The warmth of the Wels[...] welcome, the 'croeso', also makes a [...] visit a unique and memorable expe[...]

There has been a big revival in inte[...] gardens in recent years, as places such as Aberglasney and Dyffryn gardens have been restored and recreated. An important part of Wales' heritage has been given true recognition while garden visiting has become a major preoccupation and a popular hobby. Within this book are details of many of the gardens open to the public in Wales for you to discover and enjoy.

MAP O GYMRU ~ MAP OF WALES

1. GARDD BODNANT ~ BODNANT GARDEN
2. BODYSGALLEN
3. CARREGLWYD
4. CASTELL Y WAUN ~ CHIRK CASTLE
5. ERDDIG
6. GLYNLLIFON
7. CASTELL PENRHYN ~ PENRHYN CASTLE
8. PLAS TAN Y BWLCH
9. PLAS YN RHIW
10. PLAS NEWYDD
11. PORTMEIRION
12. DINGLE
13. GLANHAFREN ~ GLANSEVERN
14. LLANERCHAERON
15. CASTELL POWIS ~ POWIS CASTLE
16. ABERGLASNE ~ ABERGLASNEY
17. BRO MEIGAN
18. GERDDI CLUN ~ CLYNE GARDENS
19. GERDDI COED COLBY ~ COLBY WOODLAND GARDENS
20. CRAIG-Y-NOS
21. Y GNOLL ~ THE GNOLL
22. GARDD FOTANEG GENEDLAETHOL CYMRU ~ NATIONAL BOTANIC GARDEN OF WALES
23. PICTON
24. SINGLETON
25. GERDDI A GARDD GOED DYFFRYN ~ DYFFRYN GARDENS AND ARBORETUM
26. FFWL-Y-MWN ~ FONMON
27. SAIN FFAGAN ~ ST FAGANS

YR YMDDIRIEDOLAETH GENEDLAETHOL
THE NATIONAL TRUST

GERDDI GORAU CYMRU
PREMIER GARDENS WALES

Golygwyd gan Carys Howell. Cyfieithiad gan Haf Meredydd. Diolch i bob un o'r gerddi a restrir uchod ac i NTPL/Matthew Antrobus, Andrew Butler, Joe Cornish, Christopher Gallagher, Nick Meers, Kevin Richardson, Stephen Robson, Ian Shaw, Rupert Truman, Ffotograffiaeth Ziggurat, Charles Dawes a Clive Nichols am gyflenwi'r ffotograffau a'r delweddau.

Edited by Carys Howell. Translation by Haf Meredydd. Thank you to all the gardens listed above and to the NTPL/Matthew Antrobus, Andrew Butler, Joe Cornish, Christopher Gallagher, Nick Meers, Kevin Richardson, Stephen Robson, Ian Shaw, Rupert Truman, Ziggurat Photography, Charles Dawes and Clive Nichols for the supply of photographs and imagery.

CYNNWYS ~ CONTENTS

Gerddi Gogledd Cymru

Mae gan Ogledd Cymru rhywbeth i'w gynnig i bawb sy'n hoffi garddio. Cewch grwydro amrywiaeth hudolus o erddi a meithrinfeydd, o enillwyr medal aur Sioe Flodau Chelsea i un o erddi mwyaf trawiadol y DU sef Gerddi Bodnant yr Ymddiriedolaeth Genedlaethol. Mae llawer o'r rhain wedi eu lleoli mewn ardaloedd arbennig o hardd yn amrywio o fynyddoedd Parc Cenedlaethol Eryri i fryniau a chymoedd Gororau Gogledd Cymru.

Pam na wnewch chi archebu lle ar un o'n gwyliau garddio, yn cynnwys llety, ac ymweliadau â gerddi o'ch dewis chi? Am ragor o wybodaeth, ffoniwch Twristiaeth Gogledd Cymru ar 08705 168767 a gofynnwch am Great Breaks neu ewch i www.great-breaks.com

Gardens of North Wales

North Wales has something to offer every garden enthusiast, whether beginner or expert. Set in stunningly beautiful surroundings which stretch from the Snowdonia National Park to the rolling hills and valleys of the North Wales Borderlands, you can explore a magical selection of gardens and nurseries, from gold medal Chelsea Flower Show winners to one of the most stunning gardens in the UK — the National Trust's Bodnant Garden.

Why not book one of our gardening breaks, inclusive of accommodation, and visits to the gardens of your choice? To find out more, call North Wales Tourism on 08705 168767 and ask for Great Breaks or visit www.great-breaks.com

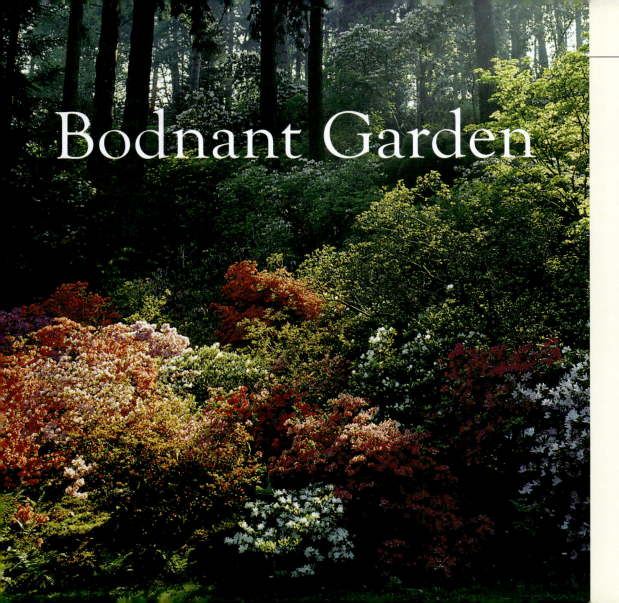

Bodnant Garden

Bodnant Garden is situated at the lower end of the Conwy Valley, above the River Conwy, and commands superb views across the valley towards the Snowdon range. The garden itself is surrounded by rural farmland, part of the Bodnant Estate which is owned by the Aberconway-McLaren family. Bodnant Garden has been open to the public since 1895 and was given to the National Trust in 1949 by Henry, 2nd Lord Aberconway.

The 80 acre (32 hectare) ornamental garden is located on sloping ground and the soil is a stiff boulder-clay overlying a friable shaly rock. Bodnant Garden is world-famous for its magnificent collections of trees and shrubs which include rhododendrons, azaleas, magnolias, camellias, and a wide range of other plants from all over the world.

7

Saif Gardd Bodnant ym mhen isaf Dyffryn Conwy, uwchben yr Afon Conwy, ac oddi yma mae golygfeydd bendigedig ar draws y dyffryn tuag at gopaon Eryri. Amgylchynir yr ardd gan ffermdir gwledig sy'n rhan o stad Bodnant ac ym mherchnogaeth teulu Aberconwy-McLaren. Bu ar agor i'r cyhoedd ers 1895 ac fe'i rhoddwyd i'r Ymddiriedolaeth Genedlaethol ym 1949 gan Henry, ail Arglwydd Aberconwy.

Gardd addurnol 80 erw (32 hectar) yw Bodnant, wedi ei lleoli ar lethr. Clog-glai anystwyth yw'r pridd a chraig gleiog frau oddi tano.

Mae'r Ardd yn enwog ledled y byd am ei chasgliadau gwych o goed a llwyni sy'n cynnwys rhododendron, asalea, magnolia, camelia, rhai llysieuol ac amrywiaeth eang o blanhigion eraill o bob man trwy'r byd.

Mae yno lawer o nodweddion adnabyddus fel y Bwa Tresi Aur, y Felin Binnau, cyfres o derasau a

It has many well known features including the Laburnum Arch, Pin Mill, a series of grand formal terraces and lawns, and the more 'natural' woodland known as 'The Dell'.

The garden is all about good design, horticultural excellence and plants, which ensures colour, beauty and interest throughout the seasons. There is a real sense of continuity, combined with innovation. This is sustained by the present General Manager, Martin Puddle, who is the third generation of his family to hold the position since 1920.

Bodnant Garden has been designed in such a way that it feels intimate in places - there are broad views and sweeping vistas and yet there are also many hidden corners and 'small rooms' which help to provide an interesting and changing atmosphere throughout. A successful mixing of designed and natural features ensures that Bodnant Garden is an inspirational place both of interest and artistic delight.

lawntiau mawreddog ffurfiol, a'r goedlan mwy 'naturiol', Y Glyn.

Mae'r ardd yn ymgorffori cynllun da, gwychder garddwriaethol a phlanhigion sy'n sicrhau lliw, harddwch a diddordeb drwy'r tymhorau. Ceir yma deimlad o barhad, yn ogystal â syniadau newydd, a gynhelir gan y Rheolwr Cyffredinol presennol, Martin Puddle, trydedd genhedlaeth ei deulu i ddal y swydd ers 1920.

Cynlluniwyd Gardd Bodnant fel bod rhannau ohoni yn teimlo'n gartrefol – er bod yma olygfeydd eang mae hefyd gorneli cudd ac 'ystafelloedd bychain' sy'n helpu i gynnal 'awyrgylch' ddiddorol a chyfnewidiol drwyddynt. Mae cymysgedd o nodweddion naturiol a rhai wedi eu cynllunio yn sicrhau bod Gardd Bodnant yn lleoliad llawn diddordeb sy'n llwyddo i ysbrydoli.

Yn Ystafell De Bodnant, yn y Pafiliwn gerllaw'r maes parcio, gweinir prydau amrywiol a ddiddorol sy'n cynnwys llawer o fwyd cartref a baratoir yn y fan a'r lle.

CYFARWYDDIADAU

8 milltir i'r de o Landudno a Bae Colwyn oddi ar yr A470. Lleolir y fynedfa hanner milltir ar hyd ffordd Eglwysbach; ceir arwyddion oddi ar yr A55, allanfa 19.

HOW TO FIND US

8 miles S of Llandudno and Colwyn Bay off A470, entrance 0.5 mile along the Eglwysbach road. Signposted from A55, exit 19.

CYSWLLT/CONTACT

Tal-y-Cafn Bae Colwyn LL28 5RE
Tal-y-Cafn Colwyn Bay LL28 5RE

Ff: 01492 650460
Ffacs: 01492 650448
E: office@bodnantgarden.co.uk
G: www.bodnantgarden.co.uk

Tel: 01492 650460
Fax: 01492 650448
E: office@bodnantgarden.co.uk
W: www.bodnantgarden.co.uk

Bodysgallen

Mae'r ardd ym Modysgallen yn adnabyddus am ei parterre o wrych pren bocs o'r 17eg ganrif. Amgylchynir y gerddi isaf gyda chloddiau cerrig uchel; mae'r clawdd uchaf yn amgylchynu'r ardd rosod, gyda phwll lilïau a rhaeadr ar ei lefel uchaf. O'r terasau, a throfa'r merched o'r 18fed ganrif, ceir golygfeydd godidog o Eryri a Chastell Conwy. Mae'r gerddi ar agor i ddefnyddwyr y gwesty'n unig.

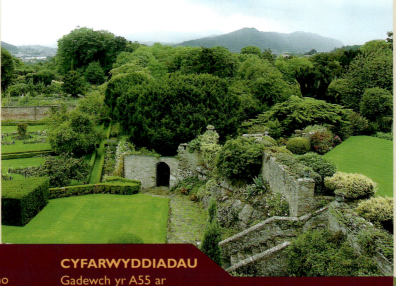

The garden at Bodysgallen is well known for its 17th century box hedged parterre. The lower gardens are surrounded by high stone walls; the largest enclose the rose garden, with a lily pond and cascade at its upper level. The terrace and 18th century ladies walk has magical views of Snowdonia and Conwy Castle. The gardens are open to patrons of the hotel only.

CYSWLLT
Neuadd a Sba Bodysgallen Llandudno
Gwynedd North Wales LL30 1RS
Ff: 01492 584466
G: www.bodysgallen.com

CONTACT
Bodysgallen Hall and Spa Llandudno
Gwynedd North Wales LL30 1RS
Tel: 01492 584466
W: www.bodysgallen.com

CYFARWYDDIADAU
Gadewch yr A55 ar gyffordd 19, yna dilynwch yr A470 i Landudno. Mae'r gwesty ar y llaw dde ymhen dwy filltir.

HOW TO FIND US
Take A55 and exit at junction 19, then follow A470 to Llandudno. The hotel is 2 miles on the right.

Carreglwyd

Stad 500 erw gyda gerddi muriog, lawntiau a choed sampl sy'n arwain i lawr at lyn addurniadol tlws yw Carreglwyd. Cysylltir y gerddi gan gyfres o lwybrau sy'n cynnig taith gylchol neu dro yn y goedlan ac ar lan y llyn.

Mae'r clychau'r gog ar eu gorau ym mis Mai pan fo'r gerddi ar agor.

Carreglwyd is a 500 acre estate with walled gardens and lawns and specimen trees which lead down to a fine ornamental lake. The grounds are linked by a system of paths offering a circular walk or woodland and lakeside promenades.

The bluebells are at their peak in May when the gardens are open to the public.

CYSWLLT
Carreglwyd Llanfaethlu Caergybi
Ynys Môn LL65 4NY Ff: 01407 730 208
E: tomcarpenter@carreglwyd.co.uk
G: www.carreglwyd.co.uk

CONTACT
Carreglwyd Llanfaethlu Holyhead
Anglesey LL65 4NY Tel: 01407 730 208
E: tomcarpenter@carreglwyd.co.uk
W: www.carreglwyd.co.uk

CYFARWYDDIADAU
Dilynwch y ffordd am Y Fali
oddi ar yr A55 ac yna'r A5025 am oddeutu 7 milltir i Lanfaethlu. Ymlaen drwy'r pentref yna'r troad cyntaf i'r dde ar hyd lôn fferm i'r coed a'r maes parcio.

HOW TO FIND US
Take the Valley turn off from the A55 and then the A5025 for approx 7 miles to Llanfaethlu. Up through village then first right down a farm track into the woods and car park.

Chirk Castle

Located in a commanding position overlooking the surrounding border countryside, the garden at Chirk Castle is an intriguing mixture of the formal and informal which has evolved over three and a half centuries. It reflects the imagination and interest of the Myddelton family who have lived in the Castle for over 400 years.

Much of the early formal garden design with gravel paths, a Bowling Green and several summerhouses, was lost when the well known landscape garden designer William Emes landscaped the park in the 1760s.

Today, in the formal garden, the magnificent topiary yews and hedges, planted in the late 19th century by Richard Myddelton-Biddulph, give shelter to a wide range of plants.

Cymysgedd ddiddorol o'r ffurfiol a'r anffurfiol a esblygodd dros dair canrif a hanner yw gardd Castell y Waun, wedi ei lleoli ar godiad tir yn edrych dros diroedd y gororau o amgylch. Mae hi'n adlewyrchu dychymyg a diddordeb y teulu Myddelton sydd wedi byw yn y Castell ers dros 400 mlynedd.

Collwyd llawer o gynllun ffurfiol yr ardd gynnar gyda'i llwybrau gro, Lawnt Fowlio a sawl tŷ haf pan dirluniwyd y parc yn yr 1760au gan William Emes, y cynllunydd tirlun gardd adnabyddus.

Heddiw, yn yr ardd ffurfiol, mae'r coed ywen tociedig a'r gwrychoedd a blannwyd yn ail hanner yr 19eg ganrif gan Richard Myddelton-Biddulph, yn cysgodi amrywiaeth eang o blanhigion. Mae'r tocwaith bron ag amgylchynu Gardd Rosod fechan sy'n cynnwys amrywiaethau fel Elizabeth o Glamis a Lilli Marlene, y ddau yn sicrhau arogl a lliw yn eu tymor. Yn y border llysieuol gerllaw mae rhai o

The Topiary almost encloses a small rose garden with varieties such as Elizabeth of Glamis and Lilli Marlene providing scent and colour in season. The herbaceous border houses some of the plants favoured by Lady Margaret Myddelton, who rescued the garden after the war and designed much of the planting as we see it today.

Further from the Castle the garden is less formal. The thatched Hawk House has ornamental vines framing views over the shrub garden with its fine old rhododendrons and other spring flowering shrubs. There is a small pool overlooked by a bronze nymph, one of a set of four in the garden.

The terrace, designed by Emes, leads to the Pavilion and on to the Pleasure Ground Wood which is specially opened in February when the snowdrops are in flower. The Lime Avenue, in contrast, dates back to the formal 17th century garden and was planted to give an unbroken vista from the castle. Silhouetted against the sky at the top of the slope is a copy of the famous statue of the Farnese Hercules.

hoff blanhigion yr Arglwyddes Margaret Myddelton, a achubodd yr ardd wedi'r rhyfel ac a gynlluniodd llawer o'r plannu a welir hyd heddiw.

Ymhellach o'r Castell mae'r ardd yn llai ffurfiol. Ar y tŷ to gwellt, Tŷ'r Gwalch, mae gwinwydd addurniadol sy'n fframio golygfeydd dros yr ardd lwyni gyda'i rhododendron hardd a llwyni eraill sy'n blodeuo yn y gwanwyn. Uwchben y pwll mae cerflun o nymff efydd, un o gasgliad o bedwar yn yr ardd.

Mae'r teras a adeiladwyd gan Emes yn arwain at y Pafiliwn a'r Coedydd Pleser, a agorir yn arbennig ym mis Chwefror oherwydd yr eirlysiau sy'n gorchuddio'r llawr. Mewn cyferbyniad, mae'r Rhodfa Pisgwydd yn dyddio'n ôl i'r ardd ffurfiol o'r 17eg ganrif ac fe'i plannwyd i sicrhau golygfeydd dirwystr o'r castell. Ar gopa'r llethr, wedi ei amlinellu yn erbyn yr awyr, mae copi o gerflun enwog Ercwlff Farnese.

CYFARWYDDIADAU
Mae'r fynedfa filltir oddi ar yr A5, 2 filltir i'r gorllewin o bentref y Waun, 7 milltir i'r de o Wrecsam, arwyddion oddi ar yr A483.

HOW TO FIND US
Entrance 1ml off A5, 2ml W of Chirk village; 7ml S of Wrexham, signposted off A483.

CYSWLLT/CONTACT
Y Waun LL14 5AF
Chirk LL14 5AF

Ff: 01691 777701
Ffacs: 01691 774706
E: chirk.castle@nationaltrust.org.uk
G: www.nationaltrust.org.uk

Tel: 01691 777701
Fax: 01691 774706
E: chirk.castle@nationaltrust.org.uk
W: www.nationaltrust.org.uk

Erddig

The garden at Erddig has evolved over three hundred years. Today, the main layout of the walled garden to the east of the hall dates from the early 18th century and makes it one of the rarest and most important historic gardens in Wales.

Listed Grade 1, it was sympathetically restored in the 1970s, and at that time was the largest garden restoration ever undertaken by the National Trust. Today, the gravelled walks, canallated ponds, very extensive lawn plats, orchards and espalier fruit trees are a pleasure to see at any time.

To the west are views to the local hills across parkland, designed by William Emes in the 1770s. An important feature here is the 'Cup and Saucer' weir, with nearby, the working hydraulic 'ram' pump raising water to the house.

M ae'r ardd yn Erddig wedi esblygu dros dri chan mlynedd. Mae ffurf sylfaenol yr ardd furiog i'r dwyrain o'r tŷ yn dyddio o hanner cyntaf y ddeunawfed ganrif, a golyga hyn bod yr ardd hon yn un o erddi hanesyddol mwyaf prin a mwyaf gwerthfawr Cymru.

Wedi ei rhestru yn Radd 1, fe'i hadferwyd yn ofalus yn y 1970au, ac ar y pryd hwn oedd y gwaith adfer gardd mwyaf yr ymgymerwyd ag ef erioed gan yr Ymddiriedolaeth Genedlaethol. Heddiw, mae'n bleser bob amser gweld y llwybrau gro, y pyllau ar ffurf camlas, y lawntiau eang, perllannau a choed ffrwythau ar ffurf gwyntyll.

I'r gorllewin ceir golygfeydd o'r bryniau lleol ar draws y parcdir a gynlluniwyd gan William Emes yn y 1770au. Nodwedd bwysig yma yw nodwedd y 'Cwpan a'r Soser' a gerllaw mae'r pwmp hyrddio hydrolig sy'n codi'r dŵr i'r tŷ. Mae nodweddion diweddarach, fel y parterre Fictoraidd, y borderi llysieuol a'r llwybr coed ywen Gwyddelig, hefyd wedi eu hadfer, ynghyd â thŷ gwydr a gwinwydd-dŷ.

Later features, such as the Victorian Parterre, herbaceous borders and Irish yew walk, have also been restored, together with a glasshouse and vinehouse.

As well as the strong formal structure of the garden, there is always something seasonal to enjoy. In early springtime, there is a collection of historic florists' narcissi and daffodils, complemented by extensive naturalised plantings of lent lily, pheasant's eye and fritillaries on the canal banks and under the apple orchards.

Tulips and bedding plants make a grand show in front of the house and the display continues throughout the summer. Extensive plantings of 'pleached' lime trees and trained trees in either blossom, fruit, or autumn colour, wall-trained shrubs and climbers, roses, herbaceous borders and a National Collection of Ivies, give interest throughout the year.

Many events are held each year, the most popular being the apple festival, held in October. The highlight is the display of more than 100 apple varieties grown on the property by the Erddig gardeners.

Yn ogystal â strwythur ffurfiol cryf yr ardd, mae rhywbeth hardd i'w weld bob amser. Yn gynnar yn y gwanwyn, mae casgliad o narcissi a chennin Pedr hanesyddol ac ar lannau'r gamlas ac o dan y perllannau afalau plannwyd nifer fawr o lili'r Grawys, llygad y goediar a britheg.

Mae tiwlipiau a blodau'r gwelyau yn rhoi sioe wych o flaen y tŷ ac mae'n parhau drwy gydol yr haf. Plannwyd coed pisgwydd wedi eu plethu, coed a llwyni dringol, rhosod, borderi llysieuol a Chasgliad Cenedlaethol o Eiddew, sy'n sicrhau diddordeb drwy'r flwyddyn.

Cynhelir llawer o ddigwyddiadau bob blwyddyn, a'r mwyaf poblogaidd yw'r ŵyl afalau a gynhelir ym mis Hydref. Yr uchafbwynt yw'r arddangosfa o fwy na 100 o amrywiaethau o afalau a dyfir ar yr eiddo gan arddwyr Erddig.

CYFARWYDDIADAU
2 filltir i'r de o Wrecsam, arwyddion oddi ar ffordd yr Eglwys Wen, neu'r A483/A5152, ffordd Croesoswallt.

HOW TO FIND US
2 ml S of Wrexham, signposted A525 Whitchurch road, or A483/A5152 Oswestry road.

CYSWLLT/CONTACT
Erddig Wrecsam LL13 0YT
Erddig Wrexham LL13 0YT

Ff: 01978 355314
Ffacs: 01978 313333
E: erddig@nationaltrust.org.uk
G: www.nationaltrust.org.uk

Tel: 01978 355314
Fax: 01978 313333
E: erddig@nationaltrust.org.uk
W: www.nationaltrust.org.uk

Sefydlwyd y parc a'r gerddi trawiadol hyn yn y 18fed a'r 19eg ganrif o fewn muriau hen Stad Glynllifon, cartref teulu'r Newborough ar un cyfnod. Yn yr ardd hanesyddol hon mae llawer o blanhigion prin y goedlan a choed hardd yn cynnwys cochwydd enfawr a choeden bîn Chile. Mae yma hefyd amrywiaeth o nodweddion dŵr a ffoleddau fel y Meudwydy, Tŷ Cwch y Plant a'r Felin, sy'n cyferbynnu gyda'r cerfluniau cyfoes yn y parc.

This impressive park and gardens was laid out in the 18th and 19th centuries and sits within the walls of the old Glynllifon Estate, which was the home of the Newborough family. The historic garden has many rare woodland plants and fine trees including giant redwoods and a Chilean pine. There is a range of water features and follies such as the Hermitage, the Children's Boathouse and the Mill, which contrast with the modern sculptures within the park.

CYSWLLT
Ffordd Clynnog Caernarfon Gwynedd LL54 5DY Ff: 01286 830222
G: www.parcglynllifon.gov.uk
G: www.gwynedd.gov.uk

CONTACT
Ffordd Clynnog Caernarfon Gwynedd LL54 5DY Tel: 01286 830222
W: www.parcglynllifon.gov.uk
W: www.gwynedd.gov.uk

CYFARWYDDIADAU
6 milltir i'r gorllewin o dref hanesyddol Caernarfon. Dilynwch yr A499 i gyfeiriad Pwllheli. Gwyliwch am yr arwyddion brown a'r giat fawr.

HOW TO FIND US
6 miles west of historic town of Caernarfon, take the A499 towards Pwllheli. Look out for the brown signs and grand entrance.

Glynllifon

21

Penrhyn Castle

Penrhyn Castle Garden as it appears today was conceived by George Hay Dawkins Pennant, who built the giant castle between 1820 and 1845. To match the grandeur of his new castle and the superb views over Snowdonia and the Menai Strait, he developed the grounds on an ambitious scale, embarking on extensive plantings of native and exotic trees and shrubs.

During the second half of the 19th century, the garden achieved great renown, thanks largely to the work of Walter Speed, head gardener for over 58 years. Distinguished visitors also made their contribution. In 1859 Queen Victoria planted a Sierra Redwood and her daughter the Princess Royal a Turkey Oak in 1894.

The walled garden is intimate in scale and full of unusual plants, coming into

Cynlluniwyd Gardd Castell Penrhyn fel yr edrycha heddiw gan George Hay Dawkins Pennant, a adeiladodd y castell enfawr rhwng 1820 ac 1845. I gyd-fynd â moethusrwydd ei gastell newydd a'r golygfeydd bendigedig o Eryri a'r Afon Menai, datblygodd y gerddi ar raddfa uchelgeisiol, a phlannodd goed a llwyni brodorol a thramor.

Yn ystod ail hanner y 19eg ganrif daeth yr ardd yn enwog iawn, diolch yn bennaf i waith Walter Speed, y prif arddwr am dros 58 o flynyddoedd. Cyfrannodd ambell i ymwelydd adnabyddus hefyd. Ym 1859 plannodd y Frenhines Victoria gochwydden Sierra a phlannodd ei merch, y Dywysoges Frenhinol, dderwen Twrci ym 1894.

Mae'r ardd furiog yn fechan ac yn llawn o blanhigion anghyffredin, sydd ar eu gorau yn ystod misoedd yr haf. Ar ei theras uchaf mae gwelyau ffurfiol wedi eu hamgylchynu gan wrychoedd bocs, tri phwll addurniadol a grwpiau o blanhigion Cordyline a phalmwydd Chusan. Ar lethr islaw mae pedair lawnt wedi eu plannu gyda llwyni a choed unigryw, gan gynnwys amrywiaeth o Euryphia trawiadol sy'n blodeuo yn yr haf. Gerllaw'r porth o goed drops hardd mae un o goed cochwydd hynaf

their own during the summer months. Its top terrace has formal box-edged beds, three ornamental ponds and groups of Cordylines and Chusan palms. Below this are four sloping lawns planted with specimen shrubs and trees, including a variety of striking summer-flowering euryphias. By the stunning fuchsia archway is one of the oldest Dawn Redwoods in Britain.

The sheltered bog garden has a sub-tropical feel with plants chosen for striking and exotic foliage. Magnificent Japanese maples and eucalyptus form the background, and a huge-leaved Gunnera grows in the wet hollow alongside swamp cypress, tree ferns and bamboo.

The castle is surrounded by open parkland planted with beech and small-leaved lime, and against the castle walls the Virginia creeper is magnificent in autumn.

Late winter and early spring see carpets of snowdrops, daffodils and bluebells and, by May, the Rhododendron Walk is at its best. Extensive pathways ensure that every part of the garden – parkland, woodland and formal gardens – can be explored and enjoyed at leisure.

Prydain. Mae awyrgylch is-drofannol i'r ardd gors gysgodol, gyda phlanhigion a ddewiswyd oherwydd eu dail lliwgar a thrawiadol. Yn y cefndir mae coed masarn Siapaneaidd a choed ewcalyptus hardd, ac mae'r Gunnera â'i ddail enfawr yn tyfu yn y pant llaith ochr yn ochr â chypreswydd y gors, rhedyn goed a bambŵ.

O amgylch y castell mae parcdir agored a blannwyd gyda choed ffawydd a phisgwydd dail bach, ac yn erbyn muriau'r castell mae gwinwydden Virginia'n wych yn yr hydref.

Ar ddiwedd y gaeaf a dechrau'r gwanwyn gwelir carpedi o eirlysiau, cennin Pedr a chlychau'r gog ac, erbyn mis Mai, mae'r Rhodfa Rhododendron ar ei gorau. Golyga'r rhwydwaith llwybrau eang bod modd archwilio a mwynhau pob rhan o'r ardd – y parcdir, y coedlannau a'r gerddi ffurfiol.

CYFARWYDDIADAU
Milltir i'r dwyrain o Fangor, yn Llandygai, ar yr A5122. Arwyddion o gyffordd 11 yr A55 a'r A5.

HOW TO FIND US
1 ml E of Bangor, at Llandygai on A5122. Signposted from junction 11 of A55 and A5.

CYSWLLT/CONTACT
Castell Penrhyn Bangor LL57 4HN
Penrhyn Castle Bangor LL57 4HN

Ff: 01248 353084
Ffacs: 01248 371281
E: penrhyncastle@nationaltrust.org.uk
G: www.nationaltrust.org.uk

Tel: 01248 353084
Fax: 01248 371281
E: penrhyncastle@nationaltrust.org.uk
W: www.nationaltrust.org.uk

Mae'r ardd 13 erw hon, sy'n cael ei hadfer dros gyfnod o amser, yn edrych dros Ddyffryn Maentwrog. Yn rhannau uchaf yr ardd mae terasau ffurfiol, gardd ddŵr a lawntiau ar lethr. Yn y gwanwyn ac ar ddechrau'r haf, mae'r ardd goedlan gysgodol yn llawn lliw o ganlyniad i amrywiaeth eang o lwyni rhododendron ac asalea sydd yno o'r dechrau, ac yn ddiweddar ychwanegwyd gardd sy'n apelio at y synhwyrau.

Overlooking the Vale of Ffestiniog this 13 acre garden, currently undergoing long term restoration, has formal terraces located in the higher parts of the garden together with a water garden and sloping lawns. The shaded woodland garden is ablaze with colour from a wide variety of originally planted rhododendrons and azaleas in spring to early summer, while a sensory garden has become a recent addition to the garden.

Plas Tan y Bwlch

CYSWLLT
Plas Tan y Bwlch   Maentwrog
Blaenau Ffestiniog   Gwynedd   LL41 3YU
Ff: 0871 871 4004
G: www.plastanybwlch.com

CONTACT
Plas Tan y Bwlch   Maentwrog
Blaenau Ffestiniog   Gwynedd   LL41 3YU
Tel: 0871 871 4004
W: www.plastanybwlch.com

CYFARWYDDIADAU
Lleolir oddeutu chwe milltir i'r dwyrain o dref arfordirol Porthmadog ar yr A487 ymysg mynyddoedd uchel a choedlannau.

HOW TO FIND US
Located approximately six miles east from the coastal town of Porthmadog on the A487 set amongst high mountains and woodland.

Plas yn Rhiw

Gardd addurniadol hyfryd, sy'n amgylchynu plasty bychan a achubwyd wedi blynyddoedd o esgeulustod, yw Plas yn Rhiw. Adferwyd y plasty'n ofalus gan y tair chwaer Keating yn yr 1930au. Mae'r golygfeydd o'r gerddi ar draws Bae Ceredigion yn hynod o drawiadol. Yn yr ardd mae llawer o goed a llwyni diddorol, ac mae gwrychoedd bocs a llwybrau gwelltog yn fframio'r gwelyau blodau. Yn y coed uwchben y tŷ mae'r eirlysiau a'r clychau'r gog yn werth eu gweld yn eu tymor.

Plas yn Rhiw is a delightful ornamental garden surrounding a small manor house, rescued from neglect and lovingly restored by the three Keating sisters in the 1930s. The views from the grounds and gardens across Cardigan Bay are spectacular. The garden contains many interesting flowering trees and shrubs, with beds framed by box hedges and grass paths. There are brilliant displays of snowdrops and bluebells in the wood above the house.

CYSWLLT
Rhiw Pwllheli LL53 8AB
Ff: 01758 780219
G: www.nationaltrust.org.uk

CONTACT
Rhiw Pwllheli LL53 8AB
Tel: 01758 780219
W: www.nationaltrust.org.uk

CYFARWYDDIADAU
16 milltir o Bwllheli, wedi ei arwyddo o'r B4413 i Aberdaron.

HOW TO FIND US
16 miles from Pwllheli signposted from B4413 to Aberdaron.

Plas Newydd

S et amidst beautiful scenery on the banks of the Menai Strait, Plas Newydd commands spectacular views across Snowdonia and is the home of the Marquess of Anglesey. The gardens, laid out in the 18th century by Humphrey Repton, are informal with shrub plantings in the lawns and parkland, which slope down to the strait.

Plas Newydd is a fine spring garden, with a grand collection of rhododendrons, magnolias and acers. It also has all round seasonal interest and summer displays of massed hydrangeas, over 800 in all, as well as autumn colours in the arboretum of southern hemisphere trees which has an understorey of shrubs and wild flowers.

The influence of the Gulf Stream enables many frost tender shrubs to

Saif Plas Newydd, cartref Marcwis Môn, mewn llecyn hardd ar lannau'r Fenai, lle ceir golygfeydd godidog o Eryri. Mae'r gerddi, a sefydlwyd yn y 18fed ganrif gan Humphrey Repton, yn rhai anffurfiol gyda llwyni ar y lawntiau ac yn y parcdir, sydd ar lethr uwchben yr afon.

Mae Plas Newydd yn ardd wanwyn odidog, gyda chasgliad mawreddog o lwyni rhododendron a choed magnolia a masarn. Mae rhywbeth o ddiddordeb i'w weld ym mhob tymor yma. Yn yr haf mae mwy na 800 o lwyni trilliw ar ddeg yn blodeuo ac yn tyfu'n blith draphlith tra gwelir lliwiau'r hydref ar eu gorau yn yr ardd goed o blanhigion a llwyni o hemisffer y de. Oddi tanynt mae blodau gwyllt yn tyfu.

Oherwydd dylanwad Llif y Gwlff mae llawer o blanhigion tyner yn gallu goroesi'r barrug. Mae'r ardd rhododendron hardd sydd ar agor yn y gwanwyn yn cynnal oddeutu 100 o rywogaethau gan gynnwys rhai a roddwyd yn anrheg priodas i Arglwydd Môn gan Arglwydd Aberconwy o Fodnant, a chafwyd llawer mwy yn ddiweddarach.

Mae ambell un o'r rhywogaethau tyner wedi tyfu'n fawr ac mae rhai sy'n blodeuo'n fwy diweddar yn ymestyn y tymor.

thrive. The beautiful five acre rhododendron garden, open in the spring, has about a hundred species of rhododendron in all. These include some which were given as a wedding present to Lord Anglesey by Lord Aberconwy of Bodnant and many others followed. Some of the tender species have grown to considerable size while some late flowering hybrids extend the season.

The formal Italianate garden, below the house, which was created in the 1920s, is undergoing major changes and restoration. There is a new arbour which has replaced a conservatory on the top terrace and water falls from there onto a pool on the bottom terrace. The pool has a new Italianate fountain to add to the overall Mediterranean effect of this formal area within the garden.

A woodland walk gives access to a restored marine walk along the strait and a further, newly created, woodland walk has an observation hide and viewpoint. Boat trips on the Menai strait operate from the jetty within the grounds, weather and tide permitting.

Ar hyn o bryd mae'r ardd Eidalaidd ffurfiol, a grëwyd yn yr 1930au islaw'r tŷ, yn cael ei hadfer. Gosodwyd deildy newydd yn lle'r ystafell wydr ar y teras uchaf ac oddi yno mae dŵr yn cwympo i bwll ar y teras isaf. Mae pistyll Eidalaidd newydd yn y pwll i ychwanegu at effaith Môr y Canoldir ar y rhan ffurfiol hon o fewn yr ardd.

Mae llwybr drwy'r goedlan yn sicrhau mynediad i rodfa a adferwyd ar hyd glan yr afon. Ar lwybr arall a grëwyd yn ddiweddar drwy'r goedwig mae cuddfan wylio a golygfan. Mae teithiau ar gwch ar yr Afon Menai yn cychwyn o'r lanfa ar dir Plas Newydd, yn ôl amodau'r tywydd a'r llanw.

CYFARWYDDIADAU
2 filltir i'r de orllewin o Lanfairpwll, cyffyrdd 7 ac 8a oddi ar yr A55, neu'r A4080 i Frynsiencyn; trowch oddi ar yr A5 ym mhen gorllewinol Pont Britannia.

HOW TO FIND US
2 miles SW of Llanfairpwll A55 junction 7 and 8a, or A4080 to Brynsiencyn; turn off A5 at West end of Britannia Bridge.

CYSWLLT/CONTACT
Llanfairpwll   LL61 6DQ

Ff: 01248 714795
Ffacs: 01248 713673
E: plasnewydd@nationaltrust.org.uk
G: www.nationaltrust.org.uk

Tel: 01248 714795
Fax: 01248 713673
E: plasnewydd@nationaltrust.org.uk
W: www.nationaltrust.org.uk

Portmeirion

 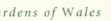
Portmeirion is an Italianate village resort situated on its own private peninsula on the coast of Snowdonia which was built by visionary Welsh architect Clough Williams-Ellis. The fantastic collection of buildings and plants together create a unique landscape against the stunning backdrop of the sea.

The estate includes 70 acres (28 hectares) of sub-tropical woodlands which extend to the end of the spectacular peninsula as well as farmland and miles of fine coastline. The climate is very mild, winter frosts are rare and this has allowed plantings of tender exotic plants and species more often associated with many Cornish gardens.

Clough Williams-Ellis wanted to demonstrate that even a naturally beautiful place could be developed

Pentref yn yr arddull Eidalaidd yw Portmeirion a saif ar ei benrhyn ei hun ar arfordir Eryri ac a adeiladwyd o ganlyniad i weledigaeth y pensaer o Gymru Clough Williams-Ellis. Gyda'i gilydd mae'r casgliad rhagorol o adeiladau a phlanhigion yn creu tirlun unigryw gyda'r môr yn gefndir.

Ar y stad 70 erw (28 hectar) mae coedlannau isdrofannol sy'n ymestyn hyd ben draw'r penrhyn hardd yn ogystal â ffermdir a milltiroedd o arfordir trawiadol. Oherwydd mai anaml iawn y ceir barrug yma a bod yr hinsawdd yn hynod o fwyn, gallwyd plannu planhigion tyner ecsotig a rhywogaethau a gysylltir yn amlach â llawer o erddi Cernyw.

Dymuniad Clough Williams-Ellis oedd dangos bod modd datblygu man naturiol hardd heb ei ddifetha, a llwyddodd y tu hwnt i bob disgwyl. Mae'r gerddi ffurfiol sy'n amgylchynu'r pentref yn y dull Eidalaidd ac yn adlewyrchu diddordeb Clough Williams-Ellis yn y dramatig, er enghraifft mewn plannu coed i sicrhau effaith ecsotig. Cadwyd rhai o'r coed a blannwyd yn gynnar yn y cyfnod Fictoraidd hefyd, yn cynnwys y bisgwydden arian wylofus y mae ei harogl yn llenwi'r awel ym mis Awst, a choeden diwlip.

without spoiling it and he succeeded beyond all measure. The formal gardens which surround the village are in the Italianate style and reflect Clough Willams-Ellis' love for the dramatic, for example in the plantings of trees for exotic effect. Some of the trees planted in the early Victorian era were retained too, notably a weeping silver lime, which scents the village in August, and a tulip tree.

The Gwyllt woodlands were first planted in early Victorian times with the usual mixture of specimen conifers, Douglas firs, Coast redwoods and Scots pines. The coastline is dominated by rugged Monterey pines. In Edwardian times there were major plantings of rhododendron, azalea and camellia, including a large Magnolia campbellii which is spectacular at Easter with its enormous pink flowers.

Portmeirion's tree trail features 30 interesting and exotic trees planted from 1835 onwards. When Clough Willams-Ellis took over the Gwyllt, considerable structural alterations were made with avenue plantings and the construction of two lakes. There are now a total of around 6,000 different kinds of plants in the Gwyllt woodlands and over 20 miles of paths. The woodlands are not suitable for wheelchairs or pushchairs because of the rugged terrain.

Plannwyd coedlannau'r Gwyllt gyntaf yn gynnar yn y cyfnod Fictoraidd gyda'r gymysgedd arferol o gonifferau, ffynidwydd Douglas, cochwydd yr arfordir a phinwydd yr Alban. Ar yr arfordir y coed pinwydd Monterey sy'n arglwyddiaethu. Yn y cyfnod Edwardaidd plannwyd llawer o lwyni rhododendron, asalea a camellia, yn cynnwys Magnolia campbellii fawr sy'n hynod o drawiadol tua'r Pasg gyda'i blodau pinc anferth.

Ar lwybr coed Portmeirion mae 30 o goed ddiddorol ac ecsotig a blannwyd o 1835 ymlaen. Pan ddechreuodd Clough Willams-Ellis weithio yn y Gwyllt gwnaed newidiadau strwythurol sylweddol yn cynnwys plannu rhodfeydd ac adeiladu dau lyn.

Erbyn hyn mae oddeutu 6,000 o wahanol fathau o blanhigion yng nghoedlannau'r Gwyllt a mwy nag 20 milltir o lwybrau. Nid yw'r coed yn addas ar gyfer cadeiriau olwyn na chadeiriau gwthio oherwydd natur arw'r tirlun.

CYFARWYDDIADAU
Arwyddion oddi ar yr A487 ym Minffordd rhwng Penrhyndeudraeth a Phorthmadog.

HOW TO FIND US
Signposted from the A487 at Minffordd between Penrhyndeudraeth and Porthmadog.

CYSWLLT/CONTACT
Portmeirion Gwynedd LL48 6ET

Ff: 01766 770000
Ffacs: 01766 771331
E: info@portmeirion-village.com
G: www.portmeirion-village.com

Tel: 01766 770000
Fax: 01766 771331
E: info@portmeirion-village.com
W: www.portmeirion-village.com

Naws
lle

E fallai ei bod yn anodd diffinio beth yw gardd Gymreig ond mae ffactorau arwyddocaol wedi dylanwadu ar ei chynllun a'i hesblygiad.

Yn ddaearyddol, amgylchynir Cymru ar dair ochr gan y môr gyda chribau mynyddig trawiadol i lawr canol y wlad. Mae'r tirlun mynyddig, ynghyd â'r hinsawdd laith, wedi dylanwadu ar amgyffrediad y cyhoedd fel nad yw Cymru bob amser yn cael ei hystyried yn wlad o erddi. Yn sicr, ychydig o erddi a pharciau a geir yn ucheldir Cymru; lleolir y rhan fwyaf ar yr iseldir mwy ffrwythlon o amgylch yr arfordir ac ar hyd y gororau.

Yr Wyddfa yw man gwlypaf Prydain gyda chwymp glaw o 4500 mm y flwyddyn ar gyfartaledd. Mewn cyferbyniad, mae'r hinsawdd gefnforol a dylanwad Llif y Gwlff yn golygu mai anaml y bydd hi'n rhewi ar yr iseldir arfordirol yn ystod y gaeaf, felly mae gerddi fel Portmeirion yng Ngwynedd a Gardd Bodnant yn gallu tyfu rhywogaethau tyner egsotig a gysylltir yn fwy aml â gerddi yng Nghernyw.

Mae'r tirlun wedi cael dylanwad aruthrol ar erddi Cymru, ac fel y dywed Liz Whittle yn ei chyflwyniad i Erddi Hanesyddol Cymru:

A sense of
place

I t may be difficult to define a Welsh garden but there are significant factors which have influenced their design and evolution.

Geographically, Wales is surrounded on three sides by the sea, with dramatic mountain ranges cutting a swathe down the centre. The hilly terrain, together with the damp climate, has coloured public perception and Wales has not always been considered to be a land of gardens. Certainly, in the upland areas, Wales has few parks and gardens; most of them are in the more hospitable and fertile lowlands around the coastline and along the Welsh border.

Snowdon is the wettest place in Britain with an average rainfall of 4500 mm. In contrast, the oceanic climate and the influence of the Gulf stream mean that the low lying coastal districts can be almost frost free in winter, so that gardens such as Portmeirion in Gwynedd and Bodnant Garden can grow tender exotic species more often associated with Cornish gardens.

The landscape has had a profound influence on the gardens of Wales and as Liz Whittle says in her introduction to The Historic Gardens

"Efallai mai'r tirlun benthyg hwn sy'n rhoi i'r parciau a'r gerddi eu Cymreictod arbennig eu hunain yn hytrach nag unrhyw rinweddau cynhenid sydd yn perthyn iddynt."

Mae tystiolaeth o erddi yng Nghymru cyn belled yn ôl â chyfnodau'r Rhufeiniaid a'r Canoloesoedd ond ychydig o dystiolaeth amlwg sydd ar ôl. Er ein bod yn canolbwyntio ein ymweliadau ar erddi mwyaf Cymru, rhaid i ni beidio ag anghofio arwyddocad y gerddi cartref sydd wedi cynnal teuluoedd dros ganrifoedd lawer. Bellach mae'r rhain yn cael eu dathlu yn Amgueddfa Werin Cymru, ond mae gan bob tref a phentref hanes eu gerddi eu hunain i'w hadrodd.

of Wales: "It is perhaps this borrowed scenery that gives the parks and gardens their special Welshness rather than any intrinsic qualities within them."

There is evidence of gardens in Wales right back to Roman and Medieval times, but little is left for the casual eye to see. While the focus for garden visits is on the grander gardens of Wales, let us also not forget the significance of the domestic gardens, which have supported families throughout the centuries. These are now celebrated at the Museum of Welsh Life at St Fagans, but each town and village also has its own gardens' history to relate.

Wales does not have an abundance of the grand estates of the landed gentry - very few could afford the

Nid oes cymaint â hynny o stadau mawr y boneddigion yng Nghymru; ychydig allai fforddio gerddi Baroc yr 17eg ganrif. Mae rhai, fel Castell Y Waun a Phowis, wedi datblygu o gestyll cadarn y gororau i gartrefi teuluol gosgeiddig gyda gerddi rhagorol.

grand Baroque gardens of the 17th century. Some, such as Chirk and Powis Castles, have developed from border castle strongholds, which evolved into elegant family homes with very fine gardens.
Famous names in gardening came to Wales including Capability

Daeth llawer o enwau adnabyddus ym myd Garddio i Gymru, yn cynnwys Capability Brown, William Emes a Humphrey Repton. Cawsant i gyd effaith barhaol ar rai o erddi pwysicaf Cymru megis Erddig, Castell Y Waun a Phlas Newydd.

Dechreuodd twristiaid heidio i Gymru ar ddiwedd y ddeunawfed ganrif wrth i'r tirluniau gwyllt ddod yn fwyfwy poblogaidd. Ar yr un pryd, dechreuodd diwydiannwyr wneud sioe fawr o'u cyfoeth megis yng Nghastell Penrhyn lle mae'r gerddi yn gweddu i rwysg y castell newydd a adeiladwyd gan y teulu Pennant.

Yn anochel, cafodd casglwyr planhigion ddylanwad ar erddi Cymru, yn enwedig yn y gerddi Fictoraidd ag Edwardaidd megis Gerddi Dyffryn, pryd dygwyd samplau ecsotig ac hyd yn oed is-drofannol i'r wlad.

Wrth gwrs, ychydig o bobl fyddai'n cael y fraint o weld y gerddi godidog hyn gan nad oedd llawer ohonynt ar agor i'r cyhoedd. Heddiw, mae ymweld â gerddi yn bennaf ddiddordeb llawer iawn o bobl. Mwynhewch.

Brown, William Emes and Humphrey Repton, one of the foremost landscapers in England. Each had a lasting influence on important Welsh gardens such as Erddig, Chirk and Plas Newydd.

Tourists began to flock to Wales at the end of the 18th century, as the Picturesque style became all the vogue. At the same time industrialists began to flaunt their wealth, for example at Penrhyn Castle, Bangor, where the gardens match the grandeur of the new castle built by the Pennant family.

Plant hunters too, inevitably had an influence on the gardens of Wales, particularly in Victorian and Edwardian gardens such as Dyffryn Gardens when exotic and even subtropical specimens were brought into the country.

Of course not everyone was privileged to see these fine gardens, which were rarely open to the public. Today however, garden visiting has become a major preoccupation and a popular hobby. Enjoy.

Gerddi'r Canolbarth

Paradwys o harddwch naturiol heb ei difetha yw Canolbarth Cymru, gyda golygfeydd godidog ar bob tu yn cynnwys mynyddoedd hardd de Eryri a Pharc Cenedlaethol Bannau Brycheiniog, bryniau gwyrdd Canolbarth Cymru a morluniau bendigedig Bae Ceredigion.

Mae rhywbeth i'w gynnig i bawb sydd â diddordeb mewn gerddi, o erddi enwog Castell Powis a Phortmeirion i gasgliad amrywiol o erddi llai ac anghyffredin.

Dewch draw i ddarganfod gerddi Canolbarth Cymru. Ewch i www.gomidwales.co.uk

Gardens of Mid Wales

Mid Wales is an unspoilt paradise of different shades of natural beauty, where every turn produces another head-spinning view. The choice is yours; from the magnificent mountains of southern Snowdonia and the Brecon Beacons National Park, the verdant rolling hills at the heart of Wales, to the panoramic seascapes of the ever changing coastline of Cardigan Bay.

There is something to offer everyone interested in gardens, from the internationally renowned gardens of Powis Castle and Portmeirion to a varied selection of smaller and unusual gardens.

Take the time to discover and explore the gardens of Mid Wales. Visit www.gomidwales.co.uk

Gardd bedair erw sy'n wynebu'r de yng Nghanolbarth Cymru yw'r Dingle. Saif ar lethr gyda llyn bychan wrth ei droed. Mae'r gwelyau blodau yn dilyn thema lliw i sicrhau diddordeb drwy'r flwyddyn gyda deiliach trawiadol yn yr hydref a choedlan friallu helaeth yn y gwanwyn.

Yn y feithrinfa fawr gerllaw'r ardd gwerthir amrywiaeth enfawr o blanhigion yn cynnwys samplau a llawer planhigyn prin.

Set in the heart of mid Wales, the Dingle is a south facing 4 acre garden which slopes down to a small lake. The beds are colour themed to provide all year round interest with spectacular autumn foliage and an extensive primrose wood in spring.

A large nursery alongside the garden sells a huge range of plants including specimens and many rarities.

Dingle

CYSWLLT
Meithrinfa a Gardd y Dingle
Y Trallwng Powys SY21 9JD
Ff: 01938 555145
G: www.dinglenurseries.co.uk

CONTACT
Dingle Nurseries and Garden
Welshpool Powys SY21 9JD
Tel: 01938 555145
W: www.dinglenurseries.co.uk

CYFARWYDDIADAU
Teithiwch tua'r gorllewin drwy'r Trallwng i gyfeiriad yr A490 (Ffordd Llanfyllin/Cegidfa). Chwiliwch am yr arwydd ar y llaw chwith, filltir o'r cylchdro.

HOW TO FIND US
Go west through the centre of Welshpool towards A490 (Llanfyllin/Guilsfield Road) Look for sign on left, one mile from the roundabout.

41

Glanhafren

Crëwyd gerddi Neuadd Glanhafren yn gynnar yn y bedwaredd ganrif ar bymtheg ac fe'u hail-gynlluniwyd gan Edward Millner, cydweithiwr â Syr Joseph Paxton, ym 1833. Wedi blynyddoedd o esgeulustod mae'r gerddi bellach wedi eu hadfer ac maent oddeutu 20 erw (8 hectar) mewn maint. Maent yn amgylchynu tŷ 'r Dadeni Groegaidd hynod o osgeiddig a leolir ym mharcdir ehangach glannau'r Afon Hafren.

Yn fwy na dim mae Glanhafren yn fan heddychlon a digynnwrf, efallai oherwydd bod dŵr i'w weld i bob cyfeiriad. Mae llyn a amgylchynir gan goed sy'n cynnwys llawer rhywogaeth brin yma, a gardd ddŵr hyfryd ymysg y nentydd sy'n ei chyflenwi. Gerllaw ar fryncyn uwchlaw'r afon mae ffoledd crwn o fric a llechen.

Mae'r gerddi hefyd yn cynnig amrywiaeth di-ben-draw mewn meysydd eraill: gwelyau a borderi ffurfiol o amgylch y tŷ, gardd graig enfawr gydag ogofan yn rhan ohoni a gardd furiog yn gyforiog o liw.

Gastineau 1820

CYFARWYDDIADAU
Arwyddir 4 milltir i'r de orllewin o Gastell Powis ar yr A483 rhwng Y Trallwng a'r Drenewydd.
HOW TO FIND US
Signposted 4 miles south-west of Powis Castle on A483 between Welshpool and Newtown.
CYSWLLT/CONTACT
Gerddi Neuadd Glanhafren Aberriw Y Trallwng Powys SY21 8AH
Ff: 01686 640200
E: glansevern@ukonline.co.uk
G: www.glansevern.co.uk
Glansevern Hall Gardens Berriew Welshpool Powys SY21 8AH
Tel: 01686 640200
E: glansevern@ukonline.co.uk
W: www.glansevern.co.uk

The gardens at Glansevern Hall were created in the early 19th century and re-designed by Edward Millner, colleague of Sir Joseph Paxton, in 1833. After years of neglect the gardens have been painstakingly restored and now cover some 20 acres (8 ha). They surround a Greek Revival house of great elegance which is set in wider parkland on the banks of the River Severn.

Glansevern is, above all, a place of calm and tranquillity, perhaps because water lies in every direction. There is a lake, girded by trees which include many rare species, and a delightful water garden set among its feeder streams. Nearby, a circular folly of brick and slate is perched on a bluff above the river.

The gardens also offer immense variety in other areas: formal beds and borders around the house, a vast rock garden with integrated grotto and a walled garden bursting with colour.

Llanerchaeron

Stad o'r 18fed ganrif, nad yw wedi newid fawr ddim ers y cyfnod hwnnw, yw Llanerchaeron. Saif yn nyffryn hardd yr afon Aeron, ac oddi yma ceir golygfeydd ar draws y parcdir gwych i'r bryniau o amgylch. Bellach mae'r ardd furiog a adferwyd yn ardd gegin gynhyrchiol sy'n llawn lliw ac arogl perlysiau, llysiau traddodiadol a ffrwythau meddal. Mae'r ddwy ardd betryal gysylltiedig o'r un cyfnod a thŷ Nash. Yn cydweddu â'r lleiniau llysiau mae gwelyau o flodau a lleiniau addurniadol, yn cynnwys parterre o'r 1920au.

Set in the beautiful Aeron valley with views across the fine parkland to the surrounding hills, Llanerchaeron, an 18th century estate, has survived virtually intact. The restored walled garden is a productive working kitchen garden, bright with colour and the scent of herbs, traditional vegetables and soft fruit. This area is contemporary with the Nash house and consists of two linked rectangular gardens. The traditional vegetable plots are complemented by beds of cutting flowers and ornamental areas, including a 1920s parterre with roses and annuals, and long herbaceous borders.

CYSWLLT
Ciliau Aeron Aberaeron SA48 8DG
Ff: 01545 570200
G: www.nationaltrust.org.uk

CONTACT
Ciliau Aeron Aberaeron SA48 8DG
Tel: 01545 570200
W: www.nationaltrust.org.uk

CYFARWYDDIADAU
2.5 milltir i'r dwyrain o Aberaeron oddi ar yr A482.

HOW TO FIND US
2.5 miles east of Aberaeron off A482.

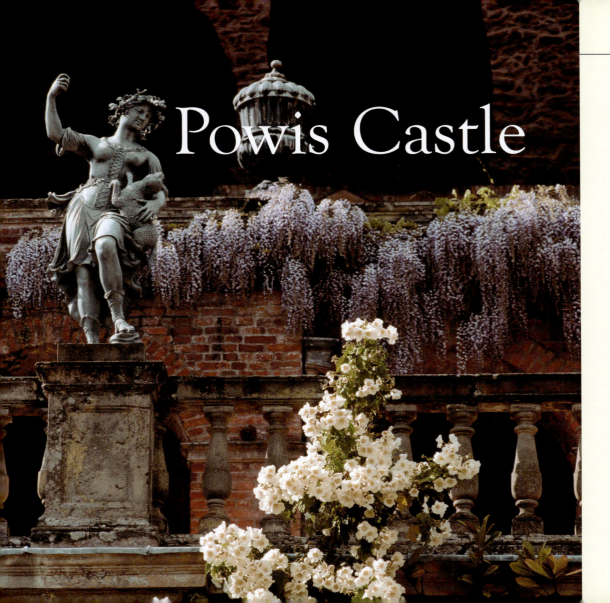

Powis Castle

There is a richness of atmosphere that embraces Powis Castle, combining architectural splendour with bold and varied planting, all uniquely evolved by successive generations of the Herbert family, the Earls of Powis.

Set beneath the massive and powerfully dominant 12th century Welsh border castle, formal influences from Renaissance Italy are very evident in the sumptuous terraces, whilst the English Landscape style dominates the parkland. Victorian and Edwardian additions to the planting and design lead through to the modern day and to the continued evolution of the garden in recent times under the ownership of the National Trust.

The elevated position commands wonderful views across unspoilt

Mae'r awyrgylch cyfoethog, sy'n nodweddiadol o Gastell Powis, yn cyfuno ysblander pensaernïol a phlannu beiddgar ac amrywiol, yr oll wedi ei greu mewn dull unigryw gan genedlaethau olynol o deulu'r Herbert, Ieirll Powis

Wedi eu lleoli islaw'r castell goror enfawr o'r 12fed ganrif, sy'n arglwyddiaethu ar yr ardal o gwmpas, mae dylanwadau ffurfiol o'r Eidal yng nghyfnod y Dadeni yn amlwg yn y terasau godidog, tra bod yr Arddull Tirluniol Seisnig yn arglwyddiaethu ar y parcdir. Mae ychwanegiadau Fictoraidd ac Edwardaidd i'r plannu a'r cynllun wedi tywys yr ardd i'r cyfnod presennol ac at esblygiad parhaol yr ardd yn y blynyddoedd diweddar dan berchnogaeth yr Ymddiriedolaeth Genedlaethol.

Mae'r lleoliad uchel yn sicrhau golygfeydd rhagorol ar draws cefn gwlad nas difethwyd, yn enwedig tua'r dwyrain i gyfeiriad Mynydd Breidden, ac yn creu cyswllt hanfodol rhwng yr ardd a harddwch y tirlun o'i chwmpas.

Terasau yn y dull Eidalaidd yw'r nodwedd bensaernïol amlycaf yn yr ardd, un o'r enghreifftiau gorau o'r math hwn ym Mhrydain ac yn cynnwys borderi llysieuol iraidd gyda phlanhigion ecsotig yn rhaeadru o'r muriau. Ychwanegir at y naws gan y llu o gerfluniau gwreiddiol a'r dysglau plannu.

Breidden Hill in the east, and intrinsically links the garden to the beauty of the outstanding landscape around. Italianate terracing is the most dominant architectural feature in the garden, and of its type is amongst the finest remaining examples in Britain. Overlaid with lush herbaceous borders and exotic plantings cascading from walls, the terraces are enhanced still further by the many original statues and planters.

The parkland landscape is attributed to William Emes, and that style remains strongly evident, as do the oak trees in the 'Wilderness' area of the garden. Clipped yew topiary, planted during the original 17th century garden design, have now evolved into enormous and uniquely formed trees of outstanding interest, and depict the passing of time and the changes in style encapsulated in three-dimensional form. The kitchen garden of the lower garden was transformed at the turn of the 20th century into a formal flower garden by Lady Violet Herbert, wife of the 4th Earl. Lady Violet was instrumental in restoring the plantsmanship and diversity of the garden, and in further building upon the unrivalled situation so as to make Powis Castle Garden, as she said, "one of the most beautiful, if not the most beautiful in England and Wales".

Priodolir tirlun y parcdir i William Emes, ac mae'r arddull hwn yn parhau i fod yn amlwg iawn, yn ogystal â'r coed derw yn rhan 'Wyllt' yr ardd. Bellach mae'r gwrychoedd ywen wedi eu tocio, a blannwyd yn ystod y cynllun gardd gwreiddiol yn yr 17eg ganrif, wedi esblygu yn goed enfawr o ffurf unigryw ac o ddiddordeb neilltuol, ac maent yn darlunio treigl amser a'r newid mewn arddull mewn ffurf tri-dimensiwn.

Ar ddechrau'r 20fed ganrif trawsnewidiwyd gardd gegin yr ardd isaf yn ardd flodau ffurfiol gan yr Arglwyddes Violet Herbert, gwraig y 4ydd Iarll. Yr Arglwyddes Violet fu'n gyfrifol am adfer y plannu a'r amrywiaeth o blanhigion yn yr ardd a manteisio ar y lleoliad diguro i sicrhau bod Gardd Castell Powis, yn ei geiriau ei hun, 'yn un o'r harddaf, os nad yr harddaf yng Nghymru a Lloegr'.

CYFARWYDDIADAU
Milltir i'r de o'r Trallwng. Mynediad ar droed o'r Stryd Fawr (A490). Dylai ceir ddilyn yr arwyddion o'r brif ffordd i'r Drenewydd (A483), mynedfa drwy'r giat fawr gyntaf ar y dde.

HOW TO FIND US
1 mile south of Welshpool. Pedestrian access from High St. (A490); vehicle route signed from the main road to Newtown (A483); enter by the first drive gate on the right.

CYSWLLT/CONTACT
Castell a Gardd Powis
Y Trallwng Powys SY21 9RF
Powis Castle and Garden
Welshpool Powys SY21 9RF

Ff: 01938 551929
Ffacs: 01938 554336
E: powiscastle@nationaltrust.org.uk
G: www.nationaltrust.org.uk

Tel: 01938 551929
Fax: 01938 554336
E: powiscastle@nationaltrust.org.uk
W: www.nationaltrust.org.uk

Trysorau
cudd

Ym mhob gardd mae trysorau lu. Efallai mai'r lliwiau, y golygfeydd, y cynllun a'r plannu fydd o ddiddordeb ac yn bachu'r dychymyg yn gyntaf. Fodd bynnag, mae llawer mwy i'w ddarganfod a'i fwynhau yn yr ardd.

Mae llawer o erddi Cymru yn rhan gynhenid o'r darlun cyflawn. Mae i bob tŷ mawreddog neu gastell, plasty Cymreig syml a bwthyn bychan ei ardd unigryw ei hun, boed honno'n fawr neu'n fychan. Felly, er bod ymweliad â gardd yn arbennig ynddo'i hun, gall ymweliad â'r eiddo neu'r stad gyfan osod yr ardd yn ei chyd-destun ac adlewyrchu hanes cymdeithas drwy'r oesoedd.

Rhosod Persawrus
Profiad bythgofiadwy yw anadlu holl arogleuon yr ardd, arogleuon a fydd yn aros yn hir yn y cof wedi'r ymweliad. Nid oes arogl tebyg i bersawr hen rosod, profiad llawer o ymwelwyr â gerddi hanesyddol megis yr Ardd Rosod yn Amgueddfa Werin Cymru yng Nghaerdydd. Wrth grwydro drwy forderi llysieuol unrhyw ardd bydd arogleuon atgofus yn cystadlu â'i gilydd.

Hidden
depths

Gardens have hidden depths. Initially it may be the impact of the colour, the vistas, the design and the planting that capture the interest and the imagination. There is, however, so much more to discover and enjoy in the garden.

Many of the gardens in Wales are an intrinsic part of the whole. The grand house or castle, the simple Welsh manor, the vernacular cottage, all have their own unique garden setting - be it grand or small. So while the garden is special in its own right, a visit to the entire property or estate will cast further light on the context in which the garden was created and on the social history through the ages.

Smelling the Roses
A potent experience is to savour the scents and smells of a garden, which linger long after a visit is over. There is nothing quite like the perfume of old roses, as visitors discover in many historic gardens, such as at the Rosery at the Museum of Welsh Life. Wander through the herbaceous borders in any garden and you are bombarded by evocative scents competing with each other. Some gardens also

Mae rhai gerddi yn trefnu dyddiau 'apelio at y synhwyrau' arbennig pryd gall ymwelwyr anadlu'r arogleuon, gwrando ar gân yr adar, neu brofi'r elfennau.

Synau soniarus

Mae'r rhan fwyaf o'n gerddi pwysicaf yn lleoliadau bendigedig ar gyfer cyngherddau awyr agored gwych, rhai gyda thân gwyllt, a chyflwyniadau theatrig hefyd. Yng Ngerddi Dyffryn a Bodnant mae llwyfan a gynlluniwyd yn arbennig o fewn y gerddi; yn eraill mae amffitheatrau naturiol. Mae gerddi a pharciau pleser wedi dod yn hynod o boblogaidd yn y blynyddoedd diweddar wrth i fwy a mwy o ddigwyddiadau gael eu cynnal yno. Gyrru cerbydau â cheffyl, ralïau hen geir, gwylio moch daear, helfeydd trysor, croce, hyd yn oed picnic eirth tedi – nid oes pen draw i'r dewis o ddigwyddiadau ar gael drwy gydol y flwyddyn.

Gall y profiad cyfan gynnwys hefyd y pleser o fwynhau blas ac arogl yn ystafelloedd te a bwytai gerddi Cymru. Mae llawer yn defnyddio cynnyrch yr ardd mewn ffordd llawn dychymyg mewn ryseitiau sydd hefyd â chysylltiad hanesyddol â'r meddiant. Ceir cyfle yma yn aml hefyd i brynu rhywbeth o'r siop i'ch atgoffa o'r gerddi – boed hwnnw'n lyfr neu'n ddarn o grochenwaith neu'n blanhigyn hoff.

organise special sensory days where visitors can breathe in the scents, listen to the bird song or simply savour the elements.

Sounds beautiful

Most of the major gardens provide a fine setting for magnificent outdoor concerts, some with fireworks, and theatrical productions too. Dyffryn Gardens and Bodnant Garden, Conwy, boast their own designed stages within the gardens; others have natural amphitheatres. Pleasure gardens and parks have come into their own in recent times as more and more events take place there. Carriage drives, vintage car rallies, badger watching, treasure hunts, croquet, even teddy bears' picnics – there is no limit to the choice of activities throughout the year.

The total experience also includes the indulgence of enjoying the flavours and the tempting smells of the tearooms and restaurants to be found in the gardens of Wales. Many make imaginative use of garden produce in recipes, which also have an historic connection with the property. And there's often the opportunity to buy and to take home from the shop a reminder of the gardens - be it a book, a piece of pottery or a favourite plant.

Dysgu a Darganfod

Gall ymweliad â gardd fod yn addysgiadol ac yn fodd i bobl o bob oedran ddarganfod pob mathau o bethau. Gallai ymweliad helpu plant ysgol i ddeall sut yr oedd stad neu ardd yn gweithredu yn y gorffennol.

Mewn llawer o erddi mae staff sy'n canolbwyntio'n benodol ar hybu addysg a dysgu yn seiliedig ar y cwricwlwm cenedlaethol. Dewis eraill yw ymuno â theithiau arbennig y garddwyr o amgylch yr ardd a mynd y tu ôl i'r llenni i ddeall y weledigaeth a'r realiti o reoli gardd arbennig.

Mae gardd yn lleoliad arbennig o dda ar gyfer cyrsiau celf a ffotograffiaeth. Trefnir penwythnosau arlunio mewn dyfrlliw yn unig yn llawer o Brif Erddi Cymru.

Mae gardd yn wir le i dyfu yn ystyr ehangaf y gair; man i adnewyddu'r enaid ac i feithrin y synhwyrau. Ewch draw i brofi hyn eich hunan.

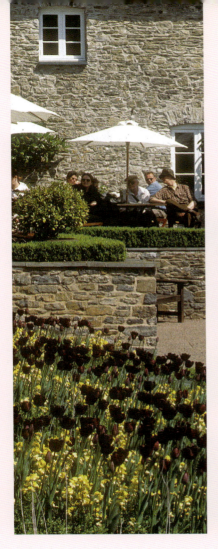

Living and Learning

A garden visit can be a learning experience and a voyage of discovery for people of all ages. For schoolchildren, it may simply be gaining a better understanding of the way an estate or garden functioned in the past.

Many gardens have dedicated staff geared to provide national curriculum focused education and learning. For others there is the experience of joining the special gardeners' tours and of going behind the scenes to understand the vision and the reality of managing a fine garden.

Art and photography courses are particularly suited to a garden location, and exclusive watercolour weekends are available at many of the Premier Gardens in Wales.

So a garden really is a place for growth in the fullest sense of the word - a place to replenish the soul and to nurture the senses. Dig deep and rediscover yourself.

Gerddi De Orllewin Cymru

Mae gerddi De Orllewin Cymru yn hynod – maent i gyd o fewn 'un ardd fawr' sy'n cynnwys rhai o ardaloedd harddaf y DU megis Penrhyn Gŵyr a Pharc Cenedlaethol Arfordir Sir Benfro. O Ardd Fotaneg Cymru gyda'i Thŷ Gwydr anferth i erddi paradwysaidd hynafol a adferwyd fel Aberglasne, gall ymwelwyr fwynhau amrywiaeth o erddi yn ogystal â chasgliadau sydd wedi ennill gwobrwyon y Gymdeithas Arddwriaethol Frenhinol. O fewn y rhanbarth mae rhywbeth ar gyfer y rhai sy'n gwerthfawrogi mannau eang agored neu sy'n ymhyfrydu yn y bychan a'r caeëdig. Ewch i www.onebiggarden.com am fanylion llawn pob gardd, gwyliau arbennig, canllawiau ar gyfer yr ardd ac awgrymiadau ar gyfer eich ymweliad.

Gardens of South West Wales

The gardens of South West Wales are special – they all lie within 'one big garden' that includes some of the UK's finest natural landscapes such as the Gower Peninsula and the Pembrokeshire Coast National Park. From state-of-the art gardens such as the National Botanic Garden of Wales with its Great Glasshouse to restored ancient paradises such as Aberglasney, the visitor can enjoy a myriad of gardens and RHS award winning collections. The region offers something for those who appreciate wide open spaces or delight in the intimate and enclosed.
Visit www.onebiggarden.com for full details of each garden, special breaks, garden tips and suggestions for your visit.

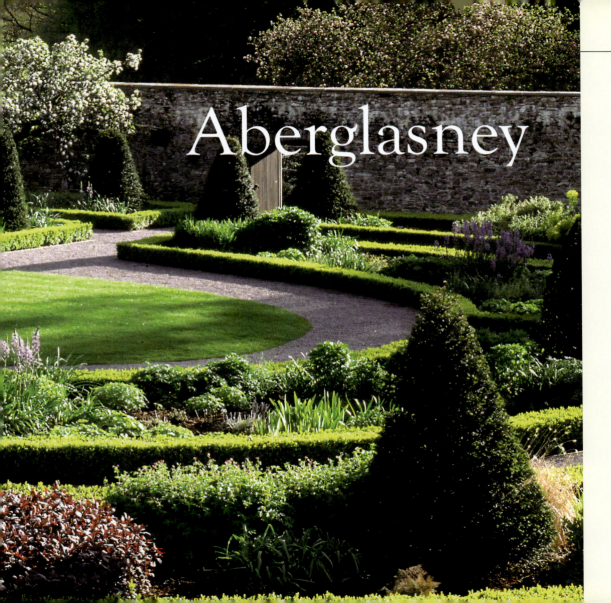

Aberglasney

As Aberglasney emerges in all its glory from centuries of neglect, it has earned a well-deserved reputation as one of the UK's most exciting garden restoration projects. Aberglasney has received extensive coverage in the media, initially for its remarkable restoration but also for the quality of the garden, which contains an extensive range of rare and unusual plants such as orchids and meconopsis.

The 10 acres (4 hectares) of garden are very diverse and include three walled gardens, woodland areas and water features. At its heart is an Elizabethan/Jacobean cloister and parapet walk, now beautifully restored and unique in Britain.

Set within the cloisters is the restored Cloister Garden. The design takes into

rth i Aberglasne ymddangos yn ei holl ogoniant wedi canrifoedd o esgeulustod, mae wedi ennill enw da haeddiannol fel un o brojectau adfer gardd mwyaf cyffrous y DU. Derbyniodd Aberglasne sylw helaeth gan y cyfryngau, yn gyntaf oherwydd y gwaith arbennig o'i hadfer ac yna oherwydd ansawdd yr ardd, sy'n cynnwys amrywiaeth eang o blanhigion prin ac anghyffredin fel tegeiriannau a meconopsis.

Mae'r ardd 10 erw (4 hectar) yn amrywiol iawn ac yn cynnwys tair gardd furiog,

coedlannau a nodweddion dŵr. Calon yr ardd yw'r rhodfa cloestr a phen clawdd Elisabethaidd/Jacobeaidd sy'n unigryw ym Mhrydain a bellach wedi ei hadfer.

O fewn y cloestrau mae'r Ardd Gloestrog a adferwyd. Mae'r cynllun wedi rhoi ystyriaeth i rai o'r nodweddion cynharaf sy'n dyddio'n ôl i'r 16eg ganrif, ac a ddatgelwyd gan yr arolwg archeolegol eang a wnaed ar y safle yn ystod 1999. Yn ystod yr archwiliadau cafwyd hyd i Geiniog Croes Hir o deyrnasiad

account the extensive archaeological survey carried out on the site during 1999, which uncovered some of the earliest features dating back to the 16th century. Investigations also took the possible age of the site back to the 13th century with the discovery of a silver Long Cross Penny from the reign of Edward I.

As the house and gardens are improved over the years, the result will be a world-renowned garden, which is set within the landscape of the beautiful Tywi Valley. The garden has been planted to ensure that there is interest each month of the year.

In 2005 the Courtyard Garden opened to the public. This unique garden environment is situated within the ruinous central courtyard of the mansion. The whole area is covered with a huge glass atrium and is heated during the winter months. It offers the opportunity to see a wide and exotic range of tender plants rarely cultivated in the UK.

A café in the grounds serves delicious light lunches and snacks and, in the summer, tea can be taken on the terrace overlooking the Pool Garden. There is also an excellent shop and plant sales area.

Edward I, ac mae'n bosibl bod hyn yn dyddio'r safle cyn belled yn ôl â'r 13eg ganrif.

Wrth i'r tŷ a'r ardd gael eu gwella dros y blynyddoedd bydd yr ardd, sy'n rhan o dirlun hardd Dyffryn Tywi, yn dod yn adnabyddus ledled y byd. Plannwyd yr ardd fel bod rhywbeth o ddiddordeb yno ym mhob mis o'r flwyddyn.

Yn 2005 agorwyd Gardd y Cwrt i'r cyhoedd. Mae'r ardd unigryw hon o fewn adfail cwrt canolog y plasty. Gorchuddir yr holl lecyn gydag atriwm gwydr enfawr ac fe'i cynhesir yn ystod misoedd y gaeaf. Mae'n cynnig cyfle i weld amrywiaeth eang o blanhigion tyner na thyfir yn aml yn y DU.

Mae caffi yn yr ardd yn gweini cinio ysgafn a byrbrydau blasus ac, yn yr haf, gallwch fwyta eich te ar y teras sy'n edrych i lawr dros Ardd y Pwll. Yma hefyd mae siop ardderchog a man gwerthu planhigion.

CYFARWYDDIADAU
Mae Aberglasne yn Llangathen, 400 llath o'r A40 yn Nerwen-fawr (4 milltir i'r gorllewin o Landeilo, 12 milltir i'r dwyrain o Gaerfyrddin). 14 milltir o'r M4.

HOW TO FIND US
Aberglasney is situated in Llangathen, 400 yards from the A40 at Broad Oak (4 miles west of Llandeilo, 12 east of Carmarthen). The M4 is 14 miles.

CYSWLLT/CONTACT
Gerddi Aberglasne Llangathen
Sir Gaerfyrddin SA32 8QH
Aberglasney Gardens Llangathen
Carmarthenshire SA32 8QH

Ff: 01558 668998
E: info@aberglasney.org.uk
G: www.aberglasney.org.uk

Tel: 01558 668998
E: info@aberglasney.org.uk
W: www.aberglasney.org.uk

Gardd aeddfed wedi ei chynllunio'n ofalus yw Bro Meigan, sy'n enwog am ei phlanhigion a'i llwyni persawrus. Yn yr ardd mae amrywiaeth eang o blanhigion a dyfwyd o had a gasglwyd gan fotanegwyr ar hyd a lled y byd i sicrhau diddordeb drwy gydol y flwyddyn. Mae'r ardd wedi ei thirlunio mewn dull llawn dychymyg gyda nodweddion sy'n cynnwys drysfa dywyrch a dôl o flodau gwylltion. O lawer llecyn gwylio gwreiddiol a seddau ar hyd a lled yr ardd, gellir mwynhau golygfeydd panoramig o fryniau'r Preseli.

Bro Meigan is a thoughtfully designed mature plantsman's garden which is renowned for its perfumed plants and shrubs. It has a wide range of plants grown from seeds collected by botanists worldwide to provide interest at all times. The garden is imaginatively landscaped with features which include a turf maze and a wildlife meadow and offers panoramic views of the Preseli Hills which can be enjoyed from the many original vantage points and seats throughout the garden.

Bro Meigan

CYSWLLT
Gerddi ac Ystafell De Bro Meigan
Boncath Sir Benfro SA37 0JE
Ff: 01239 841232

CONTACT
Bro Meigan Gardens and Tea Room
Boncath Pembrokeshire SA37 0JE
Tel: 01239 841232

CYFARWYDDIADAU
Oddeutu 6 milltir i'r de o
Aberteifi ar y B4332, hanner ffordd rhwng Boncath ac Eglwyswrw.

HOW TO FIND US
Approximately 6 miles south of Cardigan on B4332, midway between Boncath and Eglwyswrw.

57

Gerddi Clun

Seintwar 48 erw (20 hectar) yw Gerddi'r Clun gyda golygfeydd rhagorol o Fae Abertawe. Maent yn cynnwys gerddi coedlan tlws, dôl o flodau gwylltion, tŵr gwylio a gardd gors helaeth, ynghyd â llawer o nodweddion pensaernïol hanesyddol. Mae'r casgliadau o lwyni rhododendron yn enwog trwy'r byd, gyda llawer o'r rhywogaethau yn unigryw i'r Clun. Ym mis Mai maent yn fôr o liw ar gyfer 'Clun yn ei Blodau', pan maent yn gyrchfan pererindod i ymwelwyr o bedwar ban byd sy'n hoff o blanhigion.

Clyne Gardens is a 48 acre sanctuary with spectacular views of Swansea Bay. The gardens include picturesque woodland gardens, a wild flower meadow, viewing tower and an extensive bog garden, complete with historic architectural features. There are internationally acclaimed collections of rhododendrons, enkianthus and pieris - many of the species being unique to Clyne. The gardens are a riot of colour in May for Clyne in Bloom, when they are a pilgrimage for plant lovers from all over the world.

CYSWLLT
Gerddi Clun Heol Mayals, Abertawe
Ff: 01792 298637
E: swansea.botanics@swansea.gov.uk
G: www.swansea.gov.uk/parks

CONTACT
Clyne Gardens Mayals Road, Swansea
Tel: 01792 298637
E: swansea.botanics@swansea.gov.uk
W: www.swansea.gov.uk/parks

CYFARWYDDIADAU
O ganol y ddinas, teithiwch ar hyd yr A4067, Heol Ystumllwynarth. Mae'r Gerddi ar y llaw dde yn Dulais.

HOW TO FIND US
From the City Centre, travel along the A4067 Oystermouth Road. The Gardens are on the right hand side at Blackpill.

Gardd goedwig anffurfiol 8 erw (3.5 hectar) yw Colby, a grëwyd yn gynnar yn yr 20fed ganrif gan y teulu Kay. Yn y gwanwyn mae'r llwyni rhododendron, magnolia, asalea a camelia yn fôr o liw, gyda chlychau'r gog yn garped oddi tanynt. Yn yr haf gwelir y llwyni hydrangea ar eu gorau, ac yn yr hydref mae lliwiau'r dail yn drawiadol. O ddilyn y llwybrau agored a choediog ceir teithiau hyfryd drwy'r dyffryn. Mae'r ardd furiog, gyda'i gasebo yn yr arddull Gothig, ar agor drwy garedigrwydd Mr a Mrs Scourfield Lewis.

Colby is an 8 acre (3.5 hectare) informal woodland garden, which was created in the early 20th century by the Kay family. The garden has a fine display of colour in the spring with rhododendrons, magnolias, azaleas and camellias, under planted with carpets of bluebells. Later highlights are the summer hydrangeas and autumn foliage. There are attractive open and wooded pathways, which offer lovely walks through the valley. The walled garden with gothic style gazebo is open by courtesy of Mr and Mrs Scourfield Lewis.

CYSWLLT
Amroth Arberth SA67 8PP
Ff: 01834 811885
G: www.nationaltrust.org.uk

CONTACT
Amroth Narberth SA67 8PP
Tel: 01834 811885
W: www.nationaltrust.org.uk

CYFARWYDDIADAU
Oddi ar A477 Dinbych y pysgod-Caerfyrddin neu oddi ar ffordd yr arfordir.

HOW TO FIND US
From A477 Tenby-Carmarthen road or off the coast road at Amroth Castle.

Colby Woodland Gardens

Craig-y-nos

Parc hyfryd o fewn parc yw Parc Gwledig Craig-y-nos, sydd ar agor bob dydd. Ar un adeg roedd yn 'ardd bleser' y gantores opera Fictoraidd Adelina Patti, a grëodd llawer o'r nodweddion. Yn y parc mae amrywiaeth rhyfeddol o gynefinoedd a nodweddion gwreiddiol yn cynnwys parc addurniadol gyda llwybrau ar hyd glan yr afon. Bellach yng ngofal Awdurdod Parc Cenedlaethol Bannau Brycheiniog, mae'n cynnig lloches ar gyfer mwynhad tawel.

Craig-y-nos Country Park is a delightful park 'within a park', open every day. Formerly the private pleasure grounds of Victorian opera diva Adelina Patti, who created many of the features, the park contains a surprising variety of habitats and original features including an ornamental park with riverside walks. Now cared for by the Brecon Beacons National Park Authority, it offers a sanctuary for quiet enjoyment.

CYSWLLT
Parc Gwledig Craig-y-nos Pen-y-Cae
Cwm Tawe SA9 1GL
Ff: 01639 730395
E: cyncp@breconbeacons.org.uk
G: www.breconbeacons.org.uk
CONTACT
Craig-y-nos Country Park Pen-y-Cae
Swansea Valley SA9 1GL
Tel: 01639 730395
E: cyncp@breconbeacons.org.uk
W: www.breconbeacons.org.uk

CYFARWYDDIADAU
Hanner ffordd rhwng Aberhonddu ac Abertawe ar yr A4067, tair milltir i'r gogledd o Aber-craf.

HOW TO FIND US
Halfway between Brecon and Swansea on the A4067, just three miles north of Abercrave.

Gardd newidiol bwysig wedi ei thirlunio yn dyddio o'r ddeunawfed ganrif yw'r Gnoll gyda golygfeydd trawiadol ar draws Bae Abertawe a Chwm Nedd.

Mae llawer o'r nodweddion, fel y llynnoedd ffurfiol a'r rhaeadrau, wedi eu hadfer neu eu hailadeiladu. Yn y coedlannau lle tyf clychau gleision mae coed ffawydd a choed pisgwydd wedi goroesi, tra bod rhywogaethau mwy ecsotig – etifeddiaeth plannu yn y bedwaredd ganrif ar bymtheg – yn ffurfio gardd goed fechan.

The Gnoll is an important 18th century transitional landscaped garden which has dramatic views across Swansea Bay and the Vale of Neath.

Many of the features, such as the formal lakes and cascades, have been restored or recon-structed. Beeches and limes survive in woodlands carpeted with bluebells, while more exotic species – the legacy of 19th century plantings – form a small arboretum.

The Gnoll Estate

CYSWLLT
Y Ganolfan Ymwelwyr Stad y Gnoll
Castell-nedd SA11 3BS
Ff: 01639 635808
G: www.npt.gov.uk

CONTACT
The Visitor Centre The Gnoll Estate
Neath SA11 3BS
Tel: 01639 635808
W: www.npt.gov.uk

CYFARWYDDIADAU
Gadewch yr A465 ar y troad am Gastell-nedd, a dilynwch yr arwyddion brown i dwristiaid yn arddangos arwydd y parc gwledig.

HOW TO FIND US
Leaving the A465 at the Neath turning, follow the brown tourist information signs featuring the country park symbol.

National Botanic Garden

The National Botanic Garden of Wales was the first national botanic garden to open in the 21st century, and the first to be created in the UK in nearly 200 years. With a collection of rare and endangered plant species from around the world, it stretches over 500 acres of beautiful, virtually pollution-free countryside, across the site of a Regency parkland. Its gardens, lakes, woodlands, undulating hills and organically farmed meadows provide a harmonious blending of the natural and the cultivated. While historic features are being restored, endangered plants are carefully conserved.

This constantly evolving young garden offers a range of year-round attractions and appeals to the broadest interests.

Gardd Fotaneg Genedlaethol Cymru oedd yr ardd fotaneg gyntaf i agor yn yr 21ain ganrif, a'r gyntaf i'w chreu yn y DU mewn bron i 200 mlynedd. Gyda chasgliad o rywogaethau o blanhigion prin a rhai mewn perygl o bob man ar draws y byd, mae'n ymestyn dros 500 erw o gefn gwlad hardd ac ar draws safle parcdir o'r cyfnod Georgaidd. Mae'r gerddi, y llynnoedd, y coedlannau, y bryniau tonnog a'r dolydd a amaethir mewn dull organig yn sicrhau cyfuniad cydnaws o'r naturiol a thir wedi ei drin. Tra bod nodweddion hanesyddol yn cael eu hadfer, mae planhigion prin yn cael eu gwarchod yn ofalus.

Mae'r ardd ifanc hon sy'n esblygu yn barhaol yn cynnig atyniadau drwy'r flwyddyn ac yn apelio at bob math o ddiddordebau. Y canolbwynt yw'r Tŷ Gwydr Mawr, y tŷ gwydr â'r lled sengl mwyaf yn y byd. Wedi ei greu gan yr Arglwydd Norman Foster, mae yma arddangosfa fendigedig o blanhigion Canoldirol o holl wledydd y byd, rhai ohonynt wedi eu hachub rhag difodiant. Adroddir hanes esblygiad planhigion blodeuol o fewn yr Ardd â Chlawdd Dwbl gyda'i thŷ

The centrepiece is the Great Glasshouse, the largest single span glasshouse in the world. Created by Lord Norman Foster, it houses a stunning display of Mediterranean plants from across the globe, some of which are being preserved from extinction. The story of the evolution of flowering plants is told within the enchanting Double Walled Garden with its peach house, elegant lily ponds and quadrants brimming with flowers; the colourful Broadwalk is one of the longest herbaceous borders in Europe; modern water sculptures complement 200-year-old water features and there are also dedicated Japanese, Marsh, Auricula, Bee, Apothecary, Wild, Genetic, Welsh Rare Plant and Slate Gardens. The story of the Physicians of Myddfai and Wales' unique knowledge of the links between plants and medicine is also part of the experience.

The National Botanic Garden has a wide range of things to do including an Adventure Play Zone, a Maize Maze, Mini Farm, and a 360° cinema which gives a fascinating background to the plants. Visitors can also enjoy a buggy ride or a guided tour, browse around the plant sales shop, or simply daydream beside the beautiful lakes.

eirin gwlanog, pyllau lilïau gosgeiddig a sgwariau llawn blodau; mae'r Llwybr Llydan yn un o'r borderi llysieuol hiraf yn Ewrop; mae cerfluniau dŵr cyfoes yn gweddu â nodweddion dŵr sy'n 200 oed ac mae yma hefyd Erddi Siapaneaidd, Cors, Auricula, Gwenyn, Apothecari, Gwyllt, Genetig, Planhigion Cymreig Prin a Llechi. Mae hanes Meddygon Myddfai a gwybodaeth unigryw Cymru o'r cysylltiadau rhwng planhigion a meddyginiaeth hefyd yn rhan o'r profiad.

Yn yr Ardd Fotaneg Genedlaethol mae amrywiaeth eang o atyniadau yn cynnwys Rhanbarth Chwarae Anturus, Drysfa India Corn, Fferm Fechan, a sinema 360° sy'n rhoi cipolwg ar gefndir diddorol y planhigion. Gall ymwelwyr fwynhau taith mewn bygi neu daith gyda thywysydd, crwydro o amgylch y siop gwerthu planhigion, neu fwynhau'r awyrgylch gerllaw'r llynnoedd hardd.

CYFARWYDDIADAU
10 munud o'r M4 a .25 milltir o'r A48 yn Sir Gaerfyrddin - hanner ffordd rhwng Crosshands a Chaerfyrddin

HOW TO FIND US
10 minutes from the M4 and .25 mile from A48 in Carmarthenshire - midway between Crosshands and Carmarthen

CYSWLLT/CONTACT
Gardd Fotaneg Genedlaethol Cymru
Llanarthne Sir Gaerfyrddin
SA32 8HG
National Botanic Garden of Wales
Llanarthne Carmarthenshire
SA32 8HG

Ff: 01558 667148
E: info@gardenofwales.org.uk
G: www.gardenofwales.org.uk

Tel: 01558 667148
E: info@gardenofwales.org.uk
W: www.gardenofwales.org.uk

Amgylchynir y castell hwn o'r 13eg ganrif gan 40 erw (16 hectar) o erddi coedlan tawel. Ynddynt mae casgliad o lwyni anghyffredin, yn cynnwys llawer amrywiaeth deniadol o rhododendron a dyfwyd yn Picton.

Mae'r ardd furiog yn gartref i amrywiaeth gwych o blanhigion sy'n fôr o liw. Yma mae rhaeadr ganolog a chasgliad eang o berlysiau ar gyfer coginio a meddyginiaeth.

Ymysg yr atyniadau eraill mae drysfa, rhodfa rhedyn, pwll gwlith a rhedynfa dan do.

The 40 acres (16 hectares) of tranquil woodland gardens that surround the 13th century castle has a collection of unusual shrubs, including many attractive varieties of rhododendron bred at Picton. The walled garden is home to a superb range of plants that provide a riot of colour. There is a central fountain and an extensive collection of culinary and medicinal herbs.

Other attractions include a maze, fern walk, landscaped dew pond and an indoor fernery.

CYSWLLT
Castell a Gerddi Coedlan Picton
Castell Picton   Hwlffordd   Sir Benfro
SA62 4AS   Ff: 01473 751326
E: pete@pictoncastle.freeserve.co.uk
G: www.pictoncastle.co.uk

CONTACT
Picton Castle and Woodland Gardens
Picton Castle   Haverfordwest
Pembrokeshire   SA62 4AS   Tel: 01473 751326
E: pete@pictoncastle.freeserve.co.uk
W: www.pictoncastle.co.uk

CYFARWYDDIADAU
Arwyddir dair milltir i'r dwyrain o Hwlffordd a dwy filltir i'r de o'r A40. (Cyf AO: SN011135)

HOW TO FIND US
Signposted three miles east of Haverfordwest and two miles south of A40. (OS Ref: SN011135)

Singleton Botanical Gardens

Saif yr Ardd Fotaneg, oedd ar un adeg yn rhan o stad Arglwydd Abertawe, o fewn hen ardd Parc Singleton. Yma mae un o gasgliadau planhigion gorau Cymru, yn cynnwys planhigion prin ac ecsotig â rhai mwy cyfarwydd fel y dahlia. Mae cynlluniau y gwelyau blodau yn newid pob tymor tra bod y tai gwydr yn arddangos casgliadau o blanhigion o fannau ledled y byd. Mae'r Ardd Fotaneg wedi bod yn adnabyddus yn rhyngwladol ers blynyddoedd lawer am ei chasgliad o lwyni rhododendron.

Set in the old walled garden of Singleton Park, which was once part of Lord Swansea's estate, the Botanical Gardens house one of Wales' premier plant collections. The gardens have a range of rare and exotic plants as well as the more familiar species such as dahlias and chrysanthemums. The creative bedding schemes offer seasonal interest while the hot-houses display collections from all over the world including orchids and tropical plants. The Botanical Gardens have long been renowned for their internationally famous rhododendron collection.

CYSWLLT
Gardd Fotaneg Parc Singleton
Heol Gŵyr Abertawe Ff: 01792 298637
E: swansea.botanics@swansea.gov.uk
G: www.swansea.gov.uk/parks

CONTACT
Botanical Gardens Singleton Park
Gower Road Swansea Tel: 01792 298637
E: swansea.botanics@swansea.gov.uk
W: www.swansea.gov.uk/parks

CYFARWYDDIADAU
O ganol y ddinas, teithiwch ar hyd yr A4067, Heol Ystumllwynarth. Trowch i'r dde i Heol Brynmelin ac i'r chwith i Heol Gŵyr. Mae'r fynedfa ar y llaw chwith.

HOW TO FIND US
From the City Centre, take the A4067 Oystermouth Road towards Mumbles. Turn right onto Brynmill Lane and left onto Gower Road. The entrance is on the left.

Tyfu
am byth

Hanes esblygu yw hanes gerddi Cymru. Mae hanes ambell i ardd wedi ei gofnodi'n glir; gydag eraill ceir digon o gyfle i ddefnyddio'r dychymyg ac i ddarganfod a thyfu.

Yn wir, mae angen gallu fel ditectif i fynd yn ôl a chanfod hanes yr ardd drwy'r oesoedd. Dim ond 10 mlynedd yn ôl, pan ddaeth Ymddiriedolaeth Adnewyddu Aberglasne i'r adwy, roedd Aberglasne, yr ardd ar goll mewn amser, yn boddi mewn môr o chwyn. Un o'r darganfyddiadau mwyaf cyffrous oedd cadarnhad bod yr ardd glawstrog yn dyddio'n ôl i'r 1600au.

Mae hanes Dyffryn, gardd Edwardaidd llawer iau, yn symlach. Gan fod y cynllun

Growing
forever

The story of the gardens of Wales is an evolutionary one. Some have a clearly recorded history; many others offer endless opportunities for imagination, discovery and growth.

Indeed, it demands detective skills to peel back the layers and reveal the history of the garden through time. Only 10 years ago Aberglasney, the garden lost in time, was drowning in a sea of weeds when the Aberglasney Restoration Trust came to rescue the sleeping beauty. The most exciting discovery was confirmation that the Cloister Garden dated back to the 1600s and was indeed a Jacobean/Elizabethan quadrangle – but it took painstaking research to verify this.

At Dyffryn, a much younger Edwardian

69

mor gryf nid oedd amheuaeth ynglŷn â sut i fwrw ymlaen â'r gwaith adfer. Hyn, ynghyd â pheintiadau dyfrlliw o'r 1920au, oedd y dystiolaeth i sicrhau bod Dyffryn wedi ei adfer mor debyg â phosibl i'r hyn oedd pan y'i sefydlwyd gyntaf gan y casglwr a'r heliwr planhigion brwd Reginald Cory.

Gall ymwelwyr weld y gwaith yn digwydd, gan fod llawer o erddi yn parhau ar agor tra bod y gwaith adfer yn cael ei wneud. Achubwyd llawer o erddi llai Cymru gyda chefnogaeth Ymddiriedolaeth Gerddi Hanesyddol Cymru. Heb y cefnogaeth byddai llawer o'n gerddi gorau wedi diflannu neu mewn perygl.

Mae'r Ymddiriedolaeth Genedlaethol hefyd wedi cyfrannu'n fawr at adfer gerddi Cymru. Pan ddaeth Erddig yn eiddo i'r Ymddiriedolaeth Genedlaethol, roedd defaid yn pori ar y lawntiau; "fy ngarddwyr", fel y'u gelwid gan y cyn-berchennog, Philip Yorke.

Nid yw adfer gardd yn golygu ei bod yn aros yn ei hunfan. Gall cadwraeth fygu syniadau newydd a rhwystro gerddi mawr rhag datblygu. Tra bod gwreiddiau llawer o erddi Cymru ynghlwm yn y gorffennol mae rhywfaint o'u cynnwys yn adlewyrchu'r presennol. Yn y gerddi hynny lle nad yw hanes wedi chwarae rhan fawr yn eu datblygiad, mae rhyddid i gyflwyno rhywogaethau a syniadau newydd

garden, the story is a simpler one. The design was so strong that there was no doubt about how restoration should proceed. This, coupled with watercolour paintings of the 1920s, has provided the evidence to ensure that Dyffryn has been restored pretty much as it would have been when first established by the avid plant collector and hunter Reginald Cory.

Visitors can see work in progress, as many gardens remain open while the restoration continues. Many of the smaller gardens of Wales have been rescued through the support of the Welsh Historic Gardens Trust. Without it many of our finest gardens would have been lost or at risk.

The National Trust too, has made a major contribution to the restoration of gardens in Wales. It is difficult to imagine that when the Trust took over Erddig Hall it had sheep grazing on its lawns – "my gardeners" as the owner, Philip Yorke, affectionately called them.

Restoration should not mean standing still. Conservation can stifle innovation and prevent great gardens from developing. While many gardens in Wales are firmly rooted in the past, some of the plantings reflect the present. In some cases, unshackled by history, there is a freedom to introduce new species and new ideas onto the blank canvas.

ar y cynfas gwag. Efallai mai'r Ardd Fotaneg Genedlaethol sy'n cyfleu orau y briodas rhwng yr hen a'r newydd, y traddodiadol a'r mentrus. Mae'r Tŷ Gwydr Mawr sy'n cynnwys planhigion o bob cwr o'r byd yn cyferbynnu'n amlwg gyda'r parcdir hanesyddol lle'i lleolir.

Yn wahanol i'r gerddi wedi eu creu mewn diwrnod a bortreadir ar y teledu, mae'r rhan fwyaf o erddi Cymru yn gynnyrch gweledigaeth tymor hir, dealltwriaeth o'r pridd ac o amodau tywydd lleol – ac amynedd.
Bydd llawer o'r gerddi a adferwyd yn ddiweddar yn cymryd blynyddoedd i gyrraedd eu llawn dwf.

Mae pob gardd yn newid mymryn yn feunyddiol, ac yn newid llawer o dymor i dymor. Mae croeso ym mhob gardd i ymwelwyr rheolaidd sy'n sylwi ar y newidiadau hyn ac yn eu gwerth-fawrogi.

The National Botanic Garden is perhaps the epitome of the marriage of the old and the new, the traditional and the innovative. The Great Glasshouse, which contains plants from across the world, is in striking contrast to the historic parkland in which it sits.

Gardens evolve, nor were they built in a day. Despite the instant gardens produced daily on television, most of the gardens in Wales are the product of long-term vision; an understanding of the soil and local weather conditions, good and bad; and of patience.

Many of the newly restored gardens will take years to come to full fruition. All gardens are forever changing subtly day-by-day, spectacularly season by season. Gardens welcome regular visitors who observe and value these changes.

Gerddi De Ddwyrain Cymru

Mae tirlun hynod o amrywiol De Ddwyrain Cymru yn cynnwys cefn gwlad, arfordir ac, wrth gwrs, ein prifddinas, Caerdydd. Yn ychwanegu dimensiwn pellach, yn ogystal â'i nodweddion mwy amlwg, mae'r rhanbarth hefyd yn cynnwys casgliad bendigedig o erddi sy'n adlewyrchu'r amrywiaeth hwn. Yng ngardd Dyffryn mae 'ystafelloedd awyr agored' gwych a adferwyd, gardd rosod hardd yn Sain Ffagan, a llawer o erddi hanesyddol sy'n llawn awyrgylch.

Os hoffech ddechrau crwydro a mwynhau'r holl erddi hyn, mae croeso i chi ein ffonio ar 029 2088 0011 er mwyn i ni eich helpu i gynllunio eich gwyliau delfrydol.

Gardens of South East Wales

South East Wales has a wonderfully varied landscape which embraces the countryside, the coastline and, of course, our capital city, Cardiff. Adding a further dimension, in addition to its more obvious attributes, the region also has a dazzling array of gardens which reflect this diversity to full effect. There are fantastic restored 'outdoor rooms' at Dyffryn, a stunning rosery at St Fagans and many evocative historic gardens to discover.

If you would like to start exploring and enjoying the many gardens on offer, why not give us a call on 029 2088 0011 and let us help you to plan your perfect gardens break.

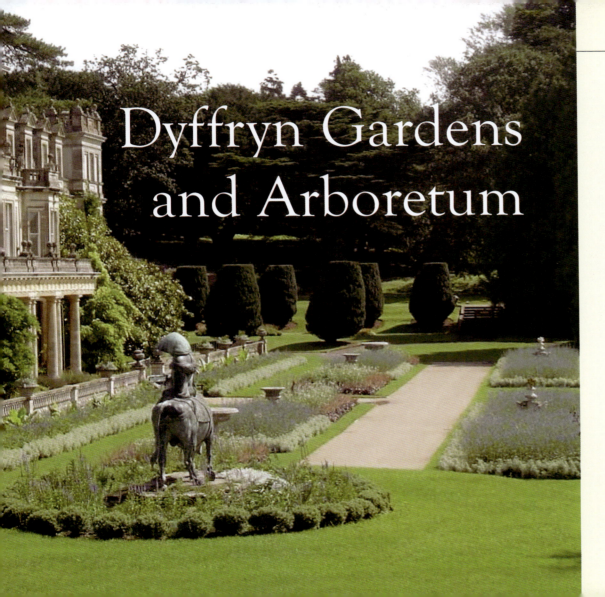

Dyffryn Gardens and Arboretum

Dyffryn Gardens is more than just a single garden but is a series of outdoor rooms each with its own distinct character. This delightful Grade 1 listed Edwardian garden in the heart of the Vale of Glamorgan covers over 55 acres (22 hectares) with a broad sweep of lawns, an arboretum and a wild garden.

It was designed by Thomas Mawson, a well-known landscape architect for the avid plant collector Reginald Cory. A leading figure in the Royal Horticultural Society, Reginald was a keen horti-culturist and plant collector and sponsored several successful worldwide plant hunting expeditions. Many of the plants on display at Dyffryn exist as a direct result of these forays, the most outstanding being Acer griseum (paper bark maple) which was grown from seed brought back from China by the

N id un ardd yn unig yw Gerddi Dyffryn; mae'n gyfres o ystafelloedd awyr agored, pob un â chymeriad gwahanol. Mae'r Ardd Edwardaidd Radd I gofrestredig hon ym Mro Morgannwg dros 55 erw (22 hectar) gyda lawntiau eang, gardd goed a gardd wyllt.

Fe'i cynlluniwyd gan Thomas Mawson, tirluniwr adnabyddus, ar ran y casglwr planhigion brwd Reginald Cory. Yn ffigwr amlwg yn y Gymdeithas Arddwriaeth Frenhinol, roedd Reginald yn arddwr a chasglwr planhigion brwd a noddodd amryw o deithiau casglu planhigion

llwyddiannus ledled y byd. Mae llawer o'r planhigion a arddangosir yn Nyffryn yma o ganlyniad uniongyrchol i'r teithiau hyn, ac un o'r rhai mwyaf trawiadol yw'r Acer griseum (pren masarn rhisgl papur) a dyfwyd o had a ddygwyd yn ôl o Tsieina gan y casglwr planhigion enwog Ernest Wilson. Mae'r ardd goed yn ffefryn gan lawer o ymwelwyr, ac mae'n cynnwys coed prin o bob cwr o'r byd, 13 ohonynt yn goed heb eu tebyg.

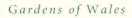

famous plant hunter Ernest Wilson. A favourite with many visitors is the arboretum, which contains rare trees from all over the world including 13 champion trees.

Today, the gardens are being carefully restored to their former glory with support from the Heritage Lottery Fund. The famous Pompeian garden has been restored as well as the Victorian Fernery, the alpine and heather collections and the spectacular reflecting pool. The gardens remain open to the public throughout, offering fascinating opportunities to see the restoration in progress. Work continues, focusing on the glasshouses and the Walled Kitchen Garden and opening up new paths to improve opportunities to explore the more secluded areas.

There is an endless variety of colour throughout the seasons from the flowering shrubs in spring to the acers and the vine wall, which look their vibrant best in the autumn, through to the winter when the exciting structure of the whole garden shows through.

Dyffryn boasts an excellent events programme and has a fine reputation for holding open-air theatre evenings in the gardens. It is an ideal venue for any summer parties or celebrations.

Heddiw, mae'r gerddi yn cael eu hadfer yn ofalus i'r gogoniant a fu gyda chefnogaeth Cronfa Dreftadaeth y Loteri. Mae'r ardd Bompeiaidd enwog wedi ei hadfer yn ogystal â'r Rhedynfa Fictoraidd, y casgliadau alpaidd a grug, a'r pwll adlewyrchol trawiadol. Gan fod yr ardd ar agor i'r cyhoedd drwy gydol y cyfnod, mae cyfle arbennig i weld y gwaith adfer yn digwydd. Mae'r gwaith yn parhau, gan ganolbwyntio ar y tai gwydr, Gardd y Gegin â mur o'i chwmpas a llwybrau newydd sy'n cael eu hagor er mwyn rhoi cyfle i bobl archwilio llecynnau mwy diarffordd.

Mae amrywiaeth ddi-ben-draw o liw drwy gydol y tymhorau o'r llwyni blodau yn y gwanwyn i'r coed masarn a chlawdd y winwydden, sydd ar eu gorau yn yr hydref. Yn y gaeaf mae adeiledd cyffrous yr ardd gyfan yn amlwg.

Mae gan Ddyffryn raglen ddigwyddiadau ardderchog ac enw da am gynnal nosweithiau theatr awyr agored yn y gerddi. Dyma leoliad ardderchog ar gyfer partïon neu ddathliadau yn yr haf.

CYFARWYDDIADAU
Gadael yr M4 ar Gyffordd 33, i'r A4232, yr allanfa 1af oddi ar y cylchdro (A4232). Ar y gyffordd gyda'r A48/A4232 ac ar gyffordd Croes Cwrlwys cymerwch y 4ydd allanfa A48 (Y Bontfaen). Trowch i'r dde wrth y goleuadau yn Sain Nicolas, mae Dyffryn ar y dde mewn oddeutu 1.5 milltir.

HOW TO FIND US
Exit M4 at Junction 33, to A4232, at roundabout take first exit (A4232), at junction with A48/ A4232 and at Culverhouse Cross roundabout take fourth exit A48 (Cowbridge). Turn right at lights in St. Nicholas, Dyffryn is on right about 1.5 miles.

CYSWLLT/CONTACT
Gerddi a Gardd Goed Dyffryn Sain Nicolas ger Caerdydd Bro Morgannwg CF5 6SU

Dyffryn Gardens and Arboretum St. Nicholas Nr Cardiff Vale of Glamorgan CF5 6SU

Ff: 029 2059 3328
E: JEHopkins@valeofglamorgan.gov.uk
G: www.dyffryngardens.org.uk

Tel: 029 2059 3328
E: JEHopkins@valeofglamorgan.gov.uk
W: www.dyffryngardens.org.uk

Fonmon

Saif yr ardd hanesyddol hon ar arfordir calchfaen ffrwythlon Bro Morgannwg ac yn y rhannau caeëdig cysgodol mae bron i 1000 o gyltifarau. Yn ogystal â'r ardd Bersawrus, gardd y Glyn a'r borderi mae yma hefyd ardd ffrwythau a llysiau fawr, ac mae perllan a choedlannau y tu hwnt iddynt. Clara, Arglwyddes Boothby, nain y perchennog presennol, oedd Llywydd cyntaf a sylfaenydd Cymdeithas Fuchsia Prydain ac mae ei hoffter hi o dyfu amrywiaethau caled yn amlwg hyd y dydd heddiw.

Situated on the fertile limestone coast of the Vale of Glamorgan this historic garden has almost 1000 cultivars in its sheltered enclosures. The Scented Garden, Dell Garden, Walled Garden and borders are accompanied by a large fruit and vegetable area, with orchard and woodlands beyond. Clara, Lady Boothby, grandmother of the present owner was founder President of the British Fuchsia Society and her legacy of hardy varieties remains.

CYSWLLT

Castell Ffwl-y-mwn Y Rhws Ger y Barri
Bro Morgannwg CF62 3ZN
Ff: 01446 710206
E: Fonmon_castle@msn.com

CONTACT

Fonmon Castle Rhoose Nr. Barry
Vale of Glamorgan CF62 3ZN
Tel: 01446 710206
E: Fonmon_castle@msn.com

CYFARWYDDIADAU

M4 C33, dilynwch yr arwyddion am faes awyr Caerdydd (A4050/A4266). Ewch ar ffordd osgoi'r maes awyr tua'r gogledd gan ddilyn y B4265 i gyfeiriad Llanilltud Fawr. Anwybyddwch yr arwyddion am Ffwl-y-mwn (1m) ond dilynwch yr arwyddion brown am y Castell (0.5m arall).

HOW TO FIND US

M4 J33, follow signs for Cardiff airport (A4050/A4226). Bypass airport to north following B4265 Llantwit Major. Ignore sign to Fonmon (1m) but follow brown signs to Castle (another 0.5m).

Clŵb Gerddi Cymru

O ddarllen yr arweinlyfr hwn daw'n amlwg mor anhygoel yw'r amrywiaeth o erddi sydd yng Nghymru. Wedi'u lleoli mewn tirwedd garw yn aml, mae'r gwelyau blodau ffurfiol yn ffynhonnell môr o liw. Heddiw, mae'r gerddi yn ychwanegu llawer mwy at brofiad yr ymwelydd, gan fod nifer yn cynnal digwyddiadau rheolaidd drwy gydol y flwyddyn, yn amrywio o ffeiriau hen bethau i theatr awyr agored.

I dderbyn cylchlythyr e-bost rheolaidd yn cynnwys y wybodaeth ddiweddaraf am ddatblygiadau newydd ac am ddigwyddiadau sy'n cael eu cynnal yn y gerddi, anfonwch eich enw a'ch cyfeiriad e-bost at info@premiergardenswales.com

Gardens of Wales Club

Throughout this guide you will have discovered the fantastic diversity of the gardens in Wales, set in a backdrop of rugged rural countryside but culminating in the finale of colour found in the formal flower beds. But today, the gardens bring so much more to the visitor experience, many holding regular events throughout the year – everything from antique fairs to open air theatre.

To receive a regular email newsletter containing updates about new features the gardens develop, to information on garden events taking place, send your contact name and email address to info@premiergardenswales.com

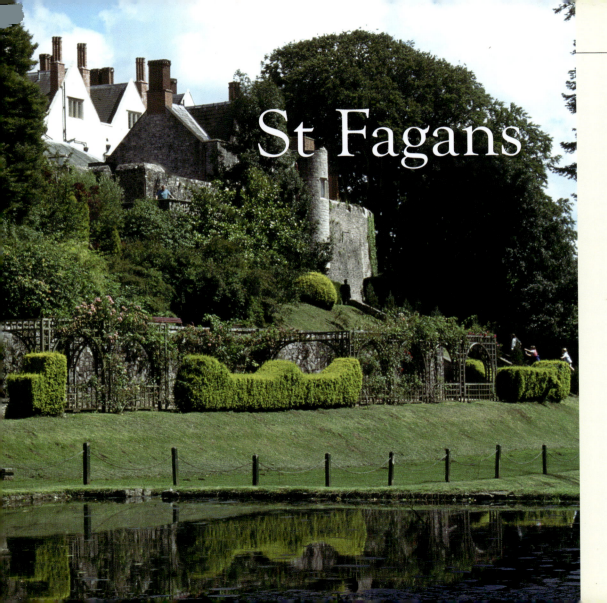

St Fagans

From the historic formal gardens surrounding St Fagans Castle itself to the simple domestic gardens of the re-erected houses, the gardens at the Museum of Welsh Life provide a real insight into the lives of Welsh people throughout history.

The 17 acres (7 hectares) of formal gardens are approached through a landscaped arboretum and pine-tree walk, which lead past the medieval fishponds towards the sculpted terraces of the castle itself, featuring rose trellises and specimen tree varieties, such as the magnificent fern-leafed beech. Just upstream lies the Water Garden, created by Victorian designer James Pulham.

The Rosery has been recreated as it originally appeared when laid out in 1899. Amongst the original Tea, Hybrid

O ardd ffurfiol y dosbarth uchaf i'r ardd fwthyn a gynhyrchai fwyd i deuluoedd gweithiol, mae gerddi Amgueddfa Werin Cymru yn rhoi cipolwg i ni ar fywydau pobl Cymru drwy'r oesoedd.

Mae'r ffordd i mewn i'r ardd ffurfiol 7 hectar drwy ardd goed wedi ei thirlunio a rhodfa goed pîn, sy'n arwain heibio'r pysgodlynnoedd canoloesol tuag at derasau cerfluniedig y castell ei hun, gyda'u delltweithiau rhosynnau ac amrywiaeth o goed enghreifftiol fel y ffawydden rhedynddail fawreddog. I fyny'r afon mae'r Ardd Ddŵr, a grëwyd gan y cynllunydd Fictoraidd James Pulham.

Ail-grëwyd yr Ardd Rosod i edrych fel y gwnai'n wreiddiol pan y'i gosodir ym 1899. Ymysg y rhosod Te, Hybrid Bythol a Hybrid Te mae sawl hen amrywiad prin, megis 'Beryl', rhosyn te melyn y credir iddo fod yr unig un o'i fath yn Ewrop.

Yn wreiddiol roedd yr Ardd Eidalaidd, a adferwyd yn ddiweddar ac a leolir y tu ôl i furiau cerrig uchel, yn ardd hynod o breifat. Mae'r ffurf petryal yn cynnwys grisiau a therasau gwelltog, ac mae'r coed oren a'r pistyll dŵr tawel yn ychwanegu at ei naws Eidalaidd.

Dengys y gerddi o amgylch y tai a ailadeiladwyd fod pwrpas gerddi, i'r rhan fwyaf o'r boblogaeth, wedi newid dros y blynyddoedd. Gerddi ymarferol gyda ffrwythau a llysiau a geid gynt. Bellach ceir gerddi addurniadol i hamddena ynddynt, gyda'r pwyslais ar blanhigion blodeuol.

Pob gwanwyn ymddangosa cymysgedd o flodau gwyllt a garddwrol, gan gynnwys briallu, eirlysiau a chlychau'r gog, ynghyd â'r carpedi o gennin Pedr y mae'r Amgueddfa yn enwog

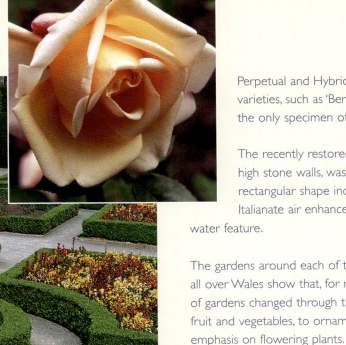

Perpetual and Hybrid Tea roses are several rare old varieties, such as 'Beryl', a yellow tea rose believed to be the only specimen of its kind in Europe.

The recently restored Italian Garden, situated behind its high stone walls, was originally a very private garden. The rectangular shape includes grass steps and terraces, its Italianate air enhanced by the orange trees and serene water feature.

The gardens around each of the re-erected houses brought from all over Wales show that, for most of the population, the purpose of gardens changed through time from functional, complete with fruit and vegetables, to ornamental and recreational, with the emphasis on flowering plants.

Each spring sees a mix of wild and cultivated blooms, including primroses, snowdrops and bluebells, together with the vivid swathes of daffodils for which the Museum is renowned. The formal gardens come into their own from early May onwards, with the fragrant splendour of the Rosery and the tranquillity of the Italian Garden. After the hustle and bustle of high summer, there's a chance to take in the ever-changing colours in the arboretum.

amdanynt. Mae'r gerddi ffurfiol yn eu llawn ogoniant o ddechrau mis Mai ymlaen, gyda harddwch persawrus yr Ardd Rosynnau a thawelwch yr Ardd Eidalaidd. Wedi prysurdeb canol yr haf, ceir cyfle i werthfawrog lliwiau trawiadol yn yr ardd goed.

CYFARWYDDIADAU
Arwyddion o'r M4 C33. Mynediad uniongyrchol o'r A4232.

HOW TO FIND US
Signposted from M4 J33, with direct access from the A4232.

CYSWLLT/CONTACT
Amgueddfa Werin Cymru
Caerdydd CF5 6XB
Museum of Welsh Life
Cardiff CF5 6XB

Ff: 029 2057 3500
Ffacs: 029 2057 3490
G: www.nmgw.ac.uk

Tel: 029 2057 3500
Fax: 029 2057 3490
W: www.nmgw.ac.uk

Gemau'r Gogledd

Mae gerddi arbennig iawn yng Ngogledd Cymru, ac unwaith y byddwch wedi ymweld ag unrhyw un o'r gerddi unigryw hyn byddwch yn dyheu am gael dod yn ôl. Gardd ddwy erw ger Rhuthun, gyda lawntiau a amgylchynir gan forderi cymysg, yw **Bryn Celyn** (01824 702077). Mae'r ardd furiog hon gyda'i rhosod hen ffasiwn, clematis, coed pwll a ffrwythau yn lleoliad perffaith i fwynhau te cartref ac mae'r pergola sy'n arwain at Ardd Môr y Canoldir a'r coetir hefyd yn hynod. Gardd arall lle gallwch fwynhau te cartref yw **Pen y Bryn**, (01978 860223) Llangollen, sy'n cynnwys coed, llwyni a rhododendron sefydlog. Ymhlith nodweddion dymunol yr ardd dair erw hon mae gardd furiog a sawl pistyll. Mae rhywbeth o ddiddordeb i bawb yng ngardd **Trosyffordd**, (01745 812247) Ystrad, gyda'i hamrywiaeth eang o lwyni, planhigion llysieuol, rhosod, coed a gwelltoedd. Mae Clawdd Offa yn gwahanu gardd **Tir-y-Fron**, (01978 821633) Rhiwabon a'r lôn tua'r tŷ. Mae'r ardd hon yn gymysgedd hudolus o lwyni a phlanhigion llysieuol a amgylchynir gan goed aeddfed.
Yn Nhŷ 'r Ardd (01978 780958), ger Erbistog, cedwir y Casgliad Cenedlaethol o'r planhigyn hydrangea gyda mwy na 300 o rywogaethau a chyltifarau. Ymysg y nodweddion arbennig mae sawl pergola rhosod, Gardd Gerfluniau, pwll lilïau mawr a cholomendy o gyfnod Fictoria. Enillydd Gardd y Flwyddyn rhaglen Clwb Garddio S4C yn 2003 oedd **Caereuni**, ger Corwen, ac yma tyfir planhigion trofannol a gerddi pinwydd bychain. Mae yma hefyd waith aur coll.

Northern Delights

The gardens of North Wales are fascinating, and just one trip to any of these unique gardens will leave you wanting to come back for more.
Bryn Celyn, (01824 702077) in Ruthin, is a two-acre garden with lawns surrounded by mixed borders. The Walled Garden with old fashioned roses, clematis, pond and fruit trees is the perfect setting in which to enjoy a homemade tea while the pergola leading to the Mediterranean Garden and woodland area is also well worth exploring. **Pen y Bryn**, (01978 860223) Llangollen, is another garden where homemade teas can be enjoyed whilst making the most of the established trees, shrubs and rhododendrons. The Walled Garden and various water features are also pleasant features of this three-acre garden. **Trosyffordd**, (01745 812247) Ystrad, with its wide selection of shrubs, herbaceous, roses, trees and grasses has something to interest everyone. At Ruabon, Offa's Dyke separates **Tir-y-Fron** (01978 821633) garden from its drive, and the garden is a delightful mixture of shrubs and herbaceous plants surrounded by mature trees.
The Garden House, (01978 780958), near Erbistock, houses the National Collection of hydrangea with over 300 species and cultivars. Special features include rose pergolas, a Sculpture Garden, large lily pond and Victorian dovecote. Winner of Wales Garden of the Year on S4C Clwb Garddio 2003, **Caereuni**, near Corwen has exotic tropical plants, miniature pine gardens and even boasts a lost gold mine.

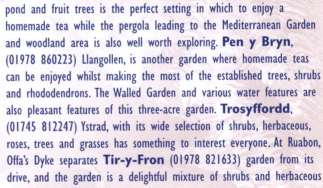

Gogoniant Gerddi Canolbarth Cymru

Yng Nghanolbarth Cymru mae llawer iawn o erddi, digon i'ch denu i loetran yn hwy i'w mwynhau'n llawn.

Mae **Grandma's Garden** (01564 703338) ger Machynlleth bron â bod yn warchodfa natur fechan, ac mae hi wedi derbyn Gwobr Aur David Bellamy dros Gadwraeth am y chwe blynedd diwethaf. O fewn yr ardd mae saith gardd lai, pob un wedi ei chynllunio i ysgogi a rhoi pleser i'r synhwyrau. Yng ngardd **Bwlch y Geuffordd**, (07891 658520) gardd fywyd gwyllt dwy erw ym Mronant, mae pum pwll a gysylltir â rhaeadrau. Yma hefyd mae cyfres o is-erddi, pob un â thema wahanol — gro a glaswellt, dwyreiniol, cors goedlan, Môr y Canoldir a gardd jyngl gyda chwt. Mae gardd goedwig **Llwyncelyn** (01654 781203) yn codi o lefel y môr ar aber yr Afon Dyfi i 40 metr. Nentydd a rhaeadrau sy'n ffurfio'r terfyn gyda Thŷ'r Felin, a adeiladwyd ar safle hen felin, llecyn naturiol hardd. Yn yr ardd bum erw yn **Llanllŷr**, (01570 470900) Talsarn, Llanbedr Pont Steffan, mae amrywiaeth enfawr o forderi cymysg a llwyni mawr, borderi rhosod llwyn, gardd ddŵr Eidalaidd ffurfiol, a phwll mawr gyda phlanhigion cors a dŵr. Ymysg y nodweddion arbennig eraill mae cerfiadau pren gwreiddiol, carreg ag arni arysgrifen Geltaidd a chlawdd cob prin o'r hen ardd gegin Fictoraidd flaenorol. Gardd ffurfiol yw **Cwm Wig** (01686 628992) yn cynnwys borderi mawr a lawntiau a amgylchynir gan goedlan sy'n rhannol hynafol ond sydd hefyd â rhan a blannwyd yn ddiweddar, yn ogystal â dolydd blodau gwyllt o oddeutu 10 erw. Mae nant ar waelod y dyffryn yn cysylltu'r ardd gydag ardaloedd o fywyd gwyllt yn agos i'r Drenewydd. Yng ngardd deras fawr **Tŷ'r Brwydr**, ger Aberhonddu, sy'n amgylchynu tŷ o'r 18fed ganrif, mae lawntiau, gardd pwll a chors, gardd goed ifanc, llynnoedd, cloddiau cain a cholomendy newydd.

Magical moments in Mid Wales' Gardens

Mid Wales has so many gardens to enjoy that you may want to linger a little longer to explore its hidden depths.

Grandma's Garden, (01564 703338) near Machynlleth, is virtually a miniature nature reserve, which has received the David Bellamy Gold Award for Conservation for the last six years. Included within it are seven small gardens, each designed to stimulate and delight the senses. **Bwlch y Geuffordd**, (07891 658520) a two-acre wildlife garden in Bronant, has five ponds linked by waterfalls. There are also a series of sub gardens, each with a different theme — grass and gravel, oriental, woodland, bog, Mediterranean and jungle garden with hut. The woodland garden of **Llwyncelyn** (01654 781203) rises from the Dyfi estuary from almost sea level to 40 metres. Streams and waterfalls form the boundary with the Mill House, built on an ancient mill site that forms a natural beauty spot. The five-acre garden at **Llanllŷr** (01570 470900) in Talsarn, Lampeter has a huge variety of mixed borders and large shrubbery, shrub rose borders, formal Italianate water garden, large pond with bog and water plants. Other special features include original woodcarvings, Celtic inscribed stone and rare cob wall of a former Victorian kitchen garden. **Cwm Weeg** (01686 628992) is a formal garden with large borders and lawns surrounded by partly ancient, partly newly planted woodland and wild flower meadows of around 10 acres. A stream at the bottom of the valley connects the garden with surrounding wildlife areas close to Newtown. **Battle House** near Brecon, a large terraced garden surrounding an 18th century house has lawns, pond and bog garden, young arboretum, lakes, fine walling and new dovecote.

Gerddi Deniadol De Orllewin Cymru

Os ydych yn chwilio am ffordd ddymunol o dreulio ychydig o oriau yna mae rhai o erddi de orllewin Cymru yn werth eu gweld.

Mae gardd 3 erw **Llwyn Cyll** (01558 822398) ger Llandeilo, gyda'i chefndir hardd, yn werth ymweld â hi unrhyw adeg o'r flwyddyn. Gyda'i gardd goed fechan, perllan a gardd lysiau, mae'r ardd unigryw hon yn fangre perffaith i unrhyw un sy'n chwilio am rywbeth mwy anghyffredin. Os oes gennych rai oriau i'w treulio, yna mae'r ardd fawr yn **Rhos y Gilwen** yn lle delfrydol i ymweld ag ef. Agorwyd yr ardd yn ddiweddar fel rhan o'r Cynllun Gerddi Cenedlaethol ac mae hi'n sicr o ddod yn ffefryn ymysg y rhai sy'n hoff o erddi. Mae'r ardd a sefydlwyd yn ddiweddar yn **Norwood**, (01559 395386) ger Pencader, yn cynnig cyfle i chwilio am blanhigion llai cyffredin neu i ymlacio yn yr awyrgylch braf. Yn y gwanwyn mae mwy na 70 o rywogaethau o gennin Pedr yn sicrhau môr o liw.

Bydd dwy ardd newydd yn agor yn Sir Gaerfyrddin eleni fel rhan o'r Cynllun Gerddi Cenedlaethol. Dim ond rhyw ddwy filltir sy'n gwahanu **Mapsland** a'r **Gors**, (01994 427219) dwy ardd gerllaw Talyllwchwr, ac maent yn ddelfrydol ar gyfer ymweliad diwrnod. Gardd gaeëdig yw'r Gors gyda phlannu cymhleth a gardd ddŵr heddychlon; ac mae bwyty yn yr ardd. Nepell mae gardd Mapsland, gyda'i phlannu gofalus a rennir yn rhanbarthau cyferbyniol, yn gwneud yn fawr o'i lleoliad hardd. Mewn cyferbyniad, mae hi'n anodd credu mai anialwch llwyr oedd gardd **Begeli** (01834 811320) dim ond pum mlynedd yn ôl. Erbyn hyn, mae hi wedi ei hadfer yn llwyr yn ardd fendigedig yn cynnwys Gardd Siapaneaidd hardd.

Secluded Spots in South West Wales

If you are looking for a pleasant way to spend a few hours then the gardens of South West Wales are well worth a visit.

Set against a beautiful backdrop, the three-acre garden of **Llwyn Cyll**, (01558 822398) near Llandeilo is well worth a visit at any time of year. A small arboretum, orchard and vegetable garden make this unique garden the perfect haunt for anyone searching for something outside the ordinary. If you have hours to while away then the large gardens at **Rhos y Gilwen** are a very pleasant place to do just that. The gardens have recently opened as part of the National Garden Scheme and are guaranteed to become a firm favourite with garden lovers. The recently established gardens at **Norwood**, (01559 395386) near Pencader offer an opportunity to search out less common plants or simply relax in the pleasant surroundings. In the spring over seventy varieties of daffodils provide a carpet of colour. Two new gardens will be opening in Carmarthenshire this year as part of the National Garden Scheme. Only a couple of miles apart from each other, close to Laugharne, **Mapsland** and **The Cors** (01994 427219) are ideal for visiting in a day. The Cors is an enclosed garden with sophisticated planting and a tranquil water garden. There is also a restaurant attached to the garden. Only a few miles away Mapsland is a garden which makes the most of its beautiful surroundings and, with subtle planting divided into contrasting areas, it is well worth a visit. In contrast, it is hard to believe that five years ago the garden at **Begelly** (01834 811320) was a complete wilderness as it has now been completely renovated into a gardening delight including a beautiful Japanese Garden.

Gwledd o Erddi'r De Ddwyrain

Yn Ne Ddwyrain Cymru mae gerddi dymunol dros ben. Dyma hanes rhai ohonynt. Crëwyd y Gerddi Cudd yn **Llanddewi**, (01291 430444) Caerwent ar droad y ganrif ddiwethaf ond fe'u claddwyd ers dros hanner can mlynedd. Ers dechrau'r gwaith adfer yn 2001 dadorchuddiwyd llawer, yn cynnwys ogofâu a thwnelau unigryw o dan y ddaear a rhedynfeydd coll. Mae llawer i'w archwilio yn yr ardd restredig gradd 1 hon wrth i'r gwaith adfer a datblygu fynd yn ei flaen. Mae **Gardd Fedw**, (01291 650836) a saif yng nghefn gwlad hardd gororau Cymru uwchben Tyndyrn, yn cynnwys gardd addurniadol dwy erw a choetir dwy erw. Ychwanegiad diweddar i'r ardd yw'r pwll adlewyrchol ond mae llawer o nodweddion eraill i'w mwynhau yn cynnwys y llain o lysiau addurniadol, y border rhosod, y llwybrau bric a'r gerddi a'r borderi llawn blodau. Gardd ramantus yn cynnwys gardd berlysiau ganoloesol, tocwaith doniol, borderi llysieuol, gardd lysiau ac adeiladweithiau llawn dychymyg yw **Tŷ'r Castell**, (01291 672563) a saif o amgylch gweddillion Castell Brynbuga. Gardd mewn arddull 'fwthyn' traddodiadol yw **Fferm yr Ysgubor**, (01291 650604) rhwng Cas-gwent a Brynbuga, gyda llain lysiau fawr yn seiliedig ar welyau a godwyd. Yn ogystal ceir yma sawl pistyll a llain ffrwythau. Crybwyllwyd Fferm yr Ysgubor ar UK Style 'A Garden for All Seasons' yn 2003 ac yn ddiweddar cafodd ychwanegiadau yn cynnwys terasau newydd. Bydd **Trostre Lodge**, a saif islaw llwybrau clychau'r gog Coed-y-Bwnydd, yn agor eleni fel rhan o'r Cynllun Gerddi Cenedlaethol. Mae hon yn ardd gyda chloddiau cerrig sy'n cynnwys plannu da persawrus ac mae'r caeau o gwmpas yn berffaith ar gyfer picnic.

Gardd ar fryn yn agos at Bont-y-pŵl yw **Fferm Llwyn-y-Wen**, (01495 244797) gyda'i nant ei hun yn cyflenwi pwll brithyll mawr a gardd gors. Lleolir mwy na 150 o botiau a chafnau ar yr amrywiol lefelau. Mae'r ardd, sydd ar sawl lefel, yn hafan i fywyd gwyllt ac mae'r clychau'r gog yn fendigedig yn y gwanwyn.

A feast of gardens in the South East

South East Wales has many gardening delights, a few of which are highlighted here. The Hidden Gardens at **Dewstow**, (01291 430444) Caerwent were created at the turn of the last century but have been buried for the past fifty years. Since the restoration began in 2001 much has been uncovered, including unique underground grottoes, tunnels and sunken ferneries. A Grade 1 listed garden, there is certainly much to be explored as further renovation and development takes place. **Veddw Garden**, (01291 650836) set in the wonderful countryside of the Welsh borders above Tintern, has two acres of ornamental garden and two acres of woodland. A recent addition to the garden is the reflecting pool but there are also other features to be enjoyed including the ornamental vegetable plot, rose border, brick paths and flower filled gardens and borders. Set around the ruins of Usk Castle, **Castle House** (01291 672563) is a romantic garden with a medieval herb garden, humorous topiary, herbaceous borders, vegetable garden and imaginative garden structures. **Barn Farm** (01291 650604) between Chepstow and Usk is a traditional 'cottage' style garden with a large vegetable area based on raised beds. This is accompanied by water features and a fruit area. Barn Farm was featured on UK Style 'A Garden for All Seasons' in 2003 and has recently had some additions including new terrace areas. **Trostrey Lodge**, just below the bluebell walks of Coed-y-Bwnydd, will be opening as part of the National Garden Scheme this year. It is a well-planted scented stone walled garden with surrounding fields which are perfect for picnics. **Llwyn-y-Wen Farm** (01495 244797) is a Welsh hillside garden close to the village of Pontypool with its own spring providing a large trout pond and bog garden. There are several levels to be seen and over 150 different tubs and troughs. The garden is a haven for wildlife and has beautiful bluebell walks in the spring.